AF432781

9 789198 681147

الملك

هنري الخامس

HENRY V

وليام شكسبير
William Shakespeare

الملك هنري الخامس
HENRY V

ترجمة: سامي الجريديني

رواية تمثيلية

SAMEH Publishing
دار سامح للنشر

يحتوي هذا الكتاب الترجمة العربية لرواية: Henry V

للكاتب: وليام شكسبير William Shakespeare

صدر باللغة العربية عن دار الهلال، مصر عام 1936.

البريد الإلكتروني: info@sameh.se

الموقع الإلكتروني: www.sameh.se

الترجمة من اللغة الإنكليزية: سامي الجريديني

تصميم الغلاف: كريم محمد

صورة الغلاف: ويكيبيديا، المشاع الإبداعي

التصميم الداخلي: ياسمين

الطبعة الأولى، 2021

ردمك: 978-91-986811-4-7

تمهيد

هذه إحدى روايات شكسبير التاريخية. فقد قسم الأدب الإنجليزي رواياته إلى تاريخية وتراجيديا وكوميديا. فمن أمثلة التراجيديا «هاملت» و«أوتللو» و«الملك لير»، و«روميو وجولييت».

ومن أمثلة الكوميديا «تاجر البندقية»، و«كما تريدها أن تكون»، و«حلم في ليلة صيف». ومن الأمثلة التاريخية هذه وأخواتها من الهنريات، ويوليوس قيصر، وكوريوليانوس.

***

صور الحياة شتى. منها هذه الصور التي يصح أن نسميها أدبية– هي اختبار الناس في سالف الزمن تذوقوه وجعلوه جوامع كلم– هي هذه الحكم تجيء شعراً أو نثراً، ولا تعدو في الواقع أن تكون صوراً لما يجول في عقول الناس وفي عواطفهم.

هذه الصور هي هي عند كل جيل من أجيال البشرية منذ القدم حتى الآن.

نجدها عند الصينيين وفي آثار المصريين والفينيقيين. ونقرأها في كتب الإغريق، ثم في كل الآداب التي نشأت بعد ذلك في كل لغة من اللغات، فكأنها ميراث البشرية يتوارثها الآدميون صاغراً عن كابر.

لم يزد عليها المتأخرون حرفاً، وما أضافوا إليها صورة، إنما تغيّر الأسلوب وبقي الجوهر.

5

فهذه الحِكم والأمثال تُضرب للناس؛ تجدها في شكسبير، وتجدها في المتنبي وتجدها كلها في أدب الإغريق. فلو جمعوا ما يتمثل به إنجليزيو اللغة من حكم شكسبير، لما زاد عمّا تراه في ديوان المتنبي وترى أمثاله على قلة في ديوان شوقي.

ذلك أن إبراز هذه الصور في اللغة ضرب من الأدب يتصل بما في الإنسان من ميل إلى التدين والتفلسف، ومقاومة قسوة الطبيعة، فكانت ملكاً شائعاً في البشرية لم يُختص بها عبقريّ دون آخر.

وأما الصور الأخرى- تلك الصور التي تريك صاحبها ماثلاً أمامك تسمعه ولا تراه؛ تلك الصور التي تُكوِّن الشخصية وتميز الواحدة عن الأخرى- تلك الصور من الحياة الحقيقية، فقد امتاز شكسبير على الجميع في تصويرها.

وقدرته في هذا الفن سرّ من أسرار العبقرية لم يجاره فيها مجارٍ حتى الآن. فشكسبير لا يتكلم ولا يبدي رأياً، فكأنه يقف وراء ستار لا تشعر به، ولكنه يشير إلى أشخاصه فيبرزون إلى مسرح الحياة ويمرون بك ممثلين هذه الحياة، حلوها ومرّها، وخيرها وشرها، تارة في زيّ ملك، وأخرى في زيّ صعلوك، أو امرأة، أو مجنون.

فكأنه المصوّر يرسم لك الحياة بألفاظ وكلمات لا بريشة وألوان.

فإن قوام العبقرية الأدبية هو في هذه القدرة على إخراج الحياة على ألسنة أقوام يتكلمون فتعرف أخلاقهم وتحدد «شخصيتهم» مما يقوله الواحد للآخر. فترى الضعف، والتردد، والحسد، والغيرة، والبخل،

والرجولة، والمكر، والمجون، ماثلة أمامك أناساً يأكلون، ويشربون، ويعيشون، فتعرف البخيل أو الغيور، ليس لأن الشاعر وصفه لك، أو لأن امرَأً من أشخاص الرواية نعت الآخر بهذا النعت، بل لأنك ترى الرجل يقول «ويعيش» أمام عينيك، فتحكم أنت حكمك مكرهاً وتضعه حيث يكون.

فشكسبير لا يُضحك ولا يُبكي، بل يُمِرّ أمامك الضاحك والباكي، والمحب والحسود، والبهلول، فتخرج بعد عرضهم وقد ارتسمت على لوحة ذهنك صورة رجل حي ذي خلق معلوم. فهو يمحو شخصيته ويظهر شخصية رجال رواياته، وهذه هي كل عبقريته، فإنه لم يُعطَ لأديب ما أعطته الطبيعة لشكسبير من القوة التي تخترق طبائع الآدميين وتظهرهم كما هم.

وما هي العبقرية؟ إننا لا نحاول تعريفها الآن، وقد سبق لنا بحث في موضوعها عندما أرخنا شاعرنا العظيم شوقي، ولكننا نكتفي هنا بإثبات لزومياتها.

العبقرية- في نظرنا- هي هذه القوة التي تملكك الفكر أولاً والوسيلة لتحقيق هذا الفكر ثانياً.

فهي ملك واستطاعة إلى التمتع بهذا الملك. حقّ والمقدرة على تنفيذ هذا الحق. وبعبارة أوضح، هي امتلاك الوسيلة لتنفيذ الغاية السامية.

فالشاعر ليس بعبقري إن لم تتوافر لديه قوّة التفكير الحي، ثم امتلاك لناصية اللغة يمكنه من إبراز فكره إلى حيّز الوجود.

والمصوّر العبقري ليس خيالاً وتصوراً ينبعثان في نفس المصور فقط، بل مقدرة متقنة على استعمال الريشة والألوان. ويدٌ تعرف القياس والإدهان.

ونابليون ليس عبقرياً لخلقه خططاً حربية ولّدها عقله، بل لهذا ولقدرته على تنفيذ الخطط واطلاعه على كل التفاصيل المؤدية إلى تنفيذها.

وعسانا أن نكون قد أوضحنا الأمر فيما تقدّم من الأمثال، لنصل إلى تبيين العبقرية.

وقد ملك شكسبير الغاية والوسيلة؛ فهو إذ يُطلق لخياله العنان بطلب صورة من صور الحياة، يمسك بهذه الصورة ويُنزلها عن عرشها السماوي إلى عالم الحقيقة بامتلاكه ناصية اللغة التي كتب فيها.

فهو عبقري في تصوّره وعبقري في أسلوبه.

هكذا كان المتنبي، وهكذا كان ميكايل أنجلو، وهكذا كان نابوليون.

الكمال مستحيل في الطبيعة. ومستحيل في الأخلاق. وقد فهم شكسبير هذه الأولية الساذجة وغابت عن معظم الشعراء والكتّاب.

فهو لم يعرفنا مرة واحدة بإنسان كامل. لأنه ليس من أحد كامل إلا الله. وشكسبير ترجم أعمال الله في الطبيعة كما هي، لا كما يجب أن تكون.

فلستَ ترى في أبطال شكسبير بطلاً جمع كل شيء في واحد. لستَ ترى في أبطاله ما تراه في أبطال كل من تقدمه وتأخر عنه من الشعراء؛ كما لا ينبو عنه الذوق السليم.

فهذا الشجاع الكريم في نظر الكثير من الشعراء والكتاب بطل لا عيب فيه، فهو إذن فوق أن يسكر أو يحب أو يكذب ولو لمرة في الدهر.

أما شكسبير فبطله إنسان حقيقي. وأي الرجال مهما علا وكمل يخلو من نقيصة يُسرّها أو يعلنها. «أي الرجال المهذب»؟

ذلك ما جعل شكسبير سيد الشعراء في كل عصر ومكان.

***

بطل هذه الرواية الملك هنري الخامس رجل إنجليزي كريم. وإذا قلت رجلاً انجليزياً فقد وصفت الرجل الذي يعرف الحياة ويأخذها كما هي، فيلبس لبوسها في مختلف نواحيها ويتمتع بما تقدمه من نقص ومن كمال، ومن حلو ومن مرّ؛ رجلاً يتكيف مع مجاري القدر، يعبث في شبابه ويلهو ويسر، فإذا دعاه داع إلى مواطن الواجب والرجولة، رأيته ابن بجدتها يجالد الفرسان مرة، ويداعب الحسان أخرى، ويعاقر بنت الحان مرات. ولكنه لا يضحي بكرامة ولا يجبن عند اللقاء– سادراً يبعد عنه عهد مسؤول– جادّاً حتى الصرامة في سبيل تأدية الأمانات والحقوق أهلها، صريحاً غير مداهن ومتكلاً على الله تاركاً أمره للقضاء والقدر في كل الاحوال.

وقد يلذ بحث كل شخصية في الرواية، ولكن في الأمر مللاً قد ينتاب القارئ، فأترك الأمر إليه إن شاء أخذ وإن شاء ترك.

مصر في أول سبتمبر سنة 1936
سامي الجريديني

أشخاص الرواية

الملك هنري الخامس

دوق جلوستر

دوق بدفورد

أخوا الملك

دوق إكستر عم الملك

دوق يورك

اللوردات: سالسبوري، ووستمورلند، وواريك

رئيس أساقفة كنتربري

أسقف عالي

لورد كمبريدج

لورد سكروب

السير توماس جراي

السير توماس أرمنجهام، وجوار، و فلوالن،
وماكموريس، وجامي: ضباط في جيش الملك هنري

بيتس، وكورت، وويليامس: جنود في الجيش

بستول

نيم

باردولف

غلام

بشير

شارل السادس ملك فرنسا
لويس ولي عهده
دوقات برغانديا، وأورليان، وبوربون
كونيتابل فرنسا
رامبور من الأمراء الإفرنسيين
جراندبره
حاكم مدينة هارفلور
مونتجوا. بشير إفرنسي
سفراء لدى البلاط الإنجليزي
إيزابيل ملكة فرنسا
كاترين ابنة شارل وإيزابيل
أليس وصيفة لكاترين
صاحبة خان في ايستثيب، وهي زوجة كويكلي سابقاً، وزوجة بستول
الآن وهي (المعلمة)
أمراء وسيدات وضباط وجنود وأتباع
إلخ إلخ...

الفصل الأول

المنظر الأول

لندن – غرفة في قصر الملك

(يدخل رئيس أساقفة كنتربري ومطران عالي)

كنتربري: إنهم يستعجلون المشروع؛ ذلك المشروع الذي كاد يصير قانوناً في أواخر أيام ملكنا السابق، لولا أن أدال الزمن القلب منه فأراحنا وأبعده عن مواطن البحث.

عالي: وكيف نقاومه الآن يا سيدي؟

كنتربري: هذا أمر يدعو إلى التفكير. فإنه إن نفّذ المشروع فصار قانوناً، فقدنا النصف الأحسن مما ملكت أيماننا. فقد أجمعوا أمرهم أن يسلبونا الأراضي التي أوصى بها رجال أتقياء للكنيسة، ويتقاسموها فيما بينهم هكذا: قِسماً يقوم دخله بخدمة الملك مع خمسة عشر نبيلاً وخمسمائة وألف فارس ومائتين وخمسة آلاف شريف. وقسماً يذهب في إعانة الضعفاء والقعدة والعجزة وفي إقامة مائة بيت للمعوزين. وقسماً يؤدي ألف دينار في كل عام لخزائن الملك. هذا هو المشروع.

عالي: أحتُسي معظم ما في الكأس.

كنتربري: الكأس وما فيها.

عالي: وما الحيلة في دفع الأمر؟

كنتربري: إن الملك حليم وعادل.

عالي: ومحب مخلص للكنيسة المقدسة.

كنتربري: لم يكن طريق شبابه بهادٍ إلى ما وصل اليه، فإنه ما كادت روح أبيه تفارق الجسد حتى مرض طيشه هو وأسلم الروح– نعم– فإن الحكمة هبطت في تلك اللحظة كملاك من السماء، فطردت منه آدم الخاطىء وتركته فردوس النفوس السماوية. ما تفقَّه إنسان قبله بمثل هذه السرعة، ولم يأت الإصلاح قط هكذا كأنه سيل ذو تيار عنيف يجرف الخطايا، فهرول العناد مطلقاً مقامه من رأس الملك.

عالي: إنه لتحوّل مبارك!

كنتربري: اسمعه يجادل في الكتب المنزلة تمتلىء إعجاباً وتود أن يصير الملك كاهناً. اصغ إليه يبحث أمور الدولة، تحسبه من المنقطعين اليها طوال أيامه.

أرهف السمع وهو يخطب في الحرب، تسمع حديث وقعة مخيفة في لحن مطرب. ارمِ إليه مقاليد السياسة تره يحلّ ما استعصى من عقدها بأسهل من حلّه سيور حذائه.

إذا نطق سكتت الريح الطليق، وأنصت الناس إكباراً يسترقون كلامه العذب. يبحث ويجادل في كل الأمور بفطنة تدعو إلى الجزم أنه استمد صائب الرأي منها عن اختبار وتجربة. وهذا غاية العجب! فإنه لم تكن للبيئة التي ألفها حظ في علم أو حنكة، ولم يكن لعشراء السوء الذين غشى منازلهم ميل إلى الدرس والتفكير، فقد كان يلهو ويلعب مع الغوغاء، ويأنس لمجلس المعشر الخشن.

عالي: إن الورد ينبت على الشوك، وألذّ الأثمار ينضج بالقرب من ثمر رديء. فعاش الأمير مخفياً حسن تقديره تحت ستار من الضلال، فصار مثله مثل عشب الصيف ينمو في الليل مكيناً في الجوهر بعيداً عن الناظرين.

كنتربري: طبيعي؛ فعصر المعجزات قد مضى وانقضى ولا بد لنا من الإقرار بالأسباب التي توجه الأمور.

عالي: ولكن ما الحيلة في تخفيف وقع شرعة يلحّ مجلس النواب في تنفيذها. أموافق الملك عليها أم مخالف؟

كنتربري: غير مكترث. بل أراه يعطف علينا أكثر من عطفه على خصومنا، فقد عرضتُ عليه أمراً يمت إلى الشؤون الإفرنسية بسببٍ مكينٍ أقررناه في مجلس ديني عقدناه نؤدي على حكمه أموالاً جزيلة لخزانة الملك لم يؤدها رجال الدين من قبل لأسلافه.

عالي: وكيف كان وقع هذا القرار؟

كنتربري: وقعاً حسناً. بيد أنه رغم ما بدا لي من رغبة الملك، لم يكن في الوقت متسع لأبين دقائق الحجج والأسانيد التي تدعم حقاً آل إليه من جدّه الأعلى إدوارد في بعض إمارات فرنسا، وفي العرش الإفرنسي نفسه.

عالي: وما الذي ضيَّق الوقت وأعاق الأمر؟

كنتربري: طلب السفير الإفرنسي وقتذاك حظوة المثول. وها قد أزف الموعد. فالساعة الرابعة.

عالي: صحيح.

كنتربري: فلندخل نعرف كنه هذه السفارة وإني حازر فحواها قبل أن ينطق السفير بحرف منها.

عالي: أنا في معيتك وأود معرفتها.

المنظر الثاني

بهو الاستقبال الملكي

(يدخل الملك هنري والدوقات جلوستر، وبدفورد، وإكستر، وواريك، ووستمورلند، وأتباع آخرون)

الملك هنري: أين عزيزنا سيد كنتربري؟

إكستر: ليس في الحضرة.

الملك: ائتني به أيها العم العزيز.

وستمورلند: أتأذن للسفير يا مولاي؟

الملك هنري: بعد قليل يا ابن العم، فإني أود قبل رؤيته أن أعزم على بعض شؤون خطيرة بيننا وبين فرنسا تثير اهتمامنا.

(يدخل رئيس أساقفة كنتربري وأسقف عالي)

كنتربري: ليحفظ الله وملائكته عرشك المقدس وليجعلك أهلاً له.

الملك هنري: شكراً. رجاؤنا منك أيها السيد المشترع أن تدلي لنا بالحجة وتفسر الشريعة السالينية المعمول بها في فرنسا بما يوحيه الدين والعدل لنعلم موقفنا من دعوانا.

ليمنعك الله أن تبعد فقهك عن الحق أو تحاول وأنت الخبير العليم أن تلبس الحق لباس باطل الحجة وفارغ المنطق. فكثيرون هم الأحياء الذين سيموتون في تأييد

ما أنت به مفتٍ، فاحترس رعاك الله وانظر كيف توقظ سيوفنا النائمة وتزج بنا إلى ساحة القتال. فما كان للدولتين أن تبرزا إلى ميدان الوغى، وكان أولى أن يصان الدم المهراق. فاحرص ألا يكون لهذا الدم صوت يصرخ في وجه المعتدي، فتستحيل كل قطرة من قطراته البريئة شكوى وويلاً على من اعتدى وأرهف السيف يقتل في البشرية قصيرة العمر.

فانطق أيها السيد على هذا الحكم نصغ ونؤمن بأن ما تقول قد خرج نقياً من قلبك كالخطيئة طهرتها المعمودية.

كنتربري: ‏ أرعني سمعك يا صاحب الجلالة وأنتم أيضا أيها النبلاء المدينون بنفسكم ونفيسكم لهذا العرش العظيم.

لا حاجب يا مولاي بينك وبين عرش فرنسا وليس في الشرع ما يحول دونه ودون ميراثك من صاحبه الأعلى إلا قانوناً سنّه الملك فاراموند حرم فيه الأنثى من الصيرورة إلى العرش في بلاد السالين.

ويدعي الإفرنسيون أن بلاد السالين هذه وأميرها صاحب الشريعة كلاهما من فرنسا، وهنا جاء الخطأ، ثم ربّاه وأنماه الغرض. فبلاد السالين ليست من فرنسا بل هي من جرمانيا بشهادة الثقات الإفرنسيين أنفسهم. إنها قطعة أرض واقعة بين نهري سالا وألب، وتعرف في جرمانيا باسم ميزين، ولم يستول الإفرنسيون على هذه

الأرض إلا بعد وفاة الملك فاراموند ما ينيف عن إحدى وعشرين بعد الأربعمائة من السنين.

فإنه لما بطش شارل الكبير بالسكسونيين وأقصاهم عن هذه البقعة من الأرض، جاء بإفرنسيين وأقطعهم إياها، وكان هؤلاء الرجال من فرنسا يحتقرون النساء الجرمانيات ويسيئون الظن بأعراضهن، فشرعوا هذا القانون حرموا به الأنثى من الميراث في طول بلاد السالين وعرضها. وليست بلاد السالين كما أسلفت من الأرض الإفرنسية بشيء حتى يصح أخذ هذا القانون وإعماله في غير بلاده.

على أن الإفرنسيين أنفسهم لم يحترموا هذه الشريعة وما عملوا بها قط. فإن ملوكهم لم يصلوا إلى العرش الإفرنسي إلا عن طريق الأنثى. فلولا نسب يربط أصحاب التاج الإفرنسي الحاليين بحبل أنثوي متين يرجع إلى جدهم الأعلى لما حقّ لواحد منهم أن يجلس على العرش. ولكنها حيلة دنيئة أثاروها الآن فأخذوا يجعلون قانوناً ميتاً ذريعة للحيلولة بينك وبين عرش فرنسا الذي تتلقون الحق فيه عن سبيل توريث الأنثى.

الملك هنري: إذن أطلب حقي ناعم البال؟

كنتربري: وليقع عبء الخطيئة على رأسي أيها الملك الخطير، فقد جاء في سفر العدد أنه إن مات الرجل ورثته ابنته.

قف يا مولاي مجاهداً دون حقك. أنشر لواءك القرمزي واقتدِ بآبائك ذوي البأس. اذهب إلى قبر جدّك الأعلى مصدر حقك، واستنجد الحرب من روحه.

زُر لحد عمك إدوارد، ذلك الأمير الأسود الذي غلب جنود الفرنسيين على أمرهم في عقر دارهم، فكان يصول ويجول في ساحة الوغى، بينا أبوه العظيم القدر يرقبه من فوق الأكمة تمر به الأبطال وهو باسم ينظر إلى شبله يلغ في دماء نبلاء فرنسا.

لله دركم يا أشراف إنجلترا. إن نصف جيشكم يكفيكم كل ما حشدت فرنسا من مقاتلين ويبقى النصف الآخر متعطلاً هازئاً يرقب دوره.

عالي: أعد ذكرى أولئك الأبطال المستشهدين واحي أعمالهم بذراعك القوية.

فأنت وارثهم وأنت جالس على عرشهم، والدم والإقدام اللذان ميزاهم يجريان في عروقك؛ هذا ومولاي المثلث القدرة لا يزال في ربيع أيامه أهلاً لعظائم الأمور.

إكستر: ملوك الأرض كلهم يتوقعون أن تنهض وتزأر كالأسد الضواري من آبائك الميامين.

وستمورلند: وكلهم يعلم أن الحق حقك وأن الوسيلة لأخذه متوافرة بقوة لديك، فلم يتهيأ لملك من ملوك إنجلترا ما تهيأ لك من نبلاء أغنياء ورعايا مخلصين فرّت قلوبهم من

أجسادهم فتركتها بإنجلترا وخفقت أعلامها في ساحات الوغى بفرنسا.

كنتربري: ألحِق بهذه القلوب أجسامها يا مولاي، واتبعها بالسيف والنار والدم تنل حقك.

وأما نحن رجال الروح فسنجبي لك مالاً لم تجبه الكنيسة من قبل لأحد من أجدادك.

الملك هنري: ليس علينا أن نتخذ العدة على فرنسا فقط، بل علينا أن نحتاط لدفع شرّ الإسكوتلنديين حتى لا يخلو لهم الطريق إلى مهاجمتنا.

كنتربري: إن قومنا النازلين في الفيافي يكفوننا شرّ الغزاة المجاورين.

الملك هنري: ما عنيت هؤلاء الخطفة الذين اعتادوا إقلاق جيرتنا من حين إلى آخر، إنما اخشى أن يقوم الإسكوتلنديون على بكرة أبيهم إلى منازلتنا فإنهم ما كانوا لنا دهرهم مسالمين فيجتاحوا مدننا وقلاعنا وينحدروا علينا انحدار السيل وإنجلترا عزلاء.

كنتربري: ولكنها إنجلترا التي يخشون بأسها ولم تضرها عداوتهم قط. ألا ترى الى بطشها وبأسها في حرب مضت، إذ صدّت جموع إسكتلندا وأخذت عاهلهم أسيراً، وكانت في ناحية أخرى تثكل أبناءها في ساحة الوغى بفرنسا. ألم تك ترسل أبناء الأسرى من الملوك يملأون صيت الملك إدوارد فخراً ويضيفون إلى مجده كنوزاً تفوق الكنوز

المغرقة في البحار.

وستمورلند: من الأقوال المأثورة أنك إذا أردت النصر في فرنسا فابدأ بالبطش بإسكتلندة.

فانه إذا ما همّ النسر الإنجليزي بفريسته خلا عشه للصل الإسكوتلندي فيتلصص بغية امتصاص البيض الشريف، فكأنه فأرة في بيت غابت هرته فأخذت تفسد وتخرب ما لا تستطيع إلى أكله سبيلاً.

إكستر: فإذا نزلنا على رأيك تحتم على الهرة أن تلزم عقر دارها لا تبرحه. إنه لرأي يقاس به مع الفارق فليست القطة كل عدتنا في الدفاع عن منزلنا؛ فقد نضع الأقفال على كنوزنا ونهيّئ المصايد لصغار السارقين.

إن على الحكومة في كل أجزاء الإدارة أن توفق بين مختلف آلاتها لتكون وحدة موفقة الخطى تسعى إلى الخير، فبينا الجيش يحارب في الخارج، يكون العقل المدرب مدافعاً في الداخل.

كنتربري: نطقتَ بالصواب. فالله قسّم أحوال الناس طرقاً شتى يعملون فيها أبداً وجعل الطاعة الهدف الأسمى.

إن لنا في النحل آية كبرى تقدمها هذه المخلوقات بالغريزة لابن آدم؛ فلها ملكها وأعوانه العديدون. بعضهم قضاة يعطون في القصاص حياة في داخل البلاد، وبعضهم تجار يحملون المنافع ويتبادلونها في الخارج، وبعضهم جنود

يحملون على براعم الصيف المخملية بإبرهم ويأتون بالغنيمة فرحين إلى مضارب ملكهم الجالس في جلاله يرقب البنائين يرفعون السقوف المذهبة طربين.

وفريق الجد من الرعية يحصنون العسل. والعمال ينوؤون بأحمالهم على بابه. وصاحب السجن يسلم إلى الجلاد القوم الكسالى المتعطلين.

إني لا يخامرني شك بأنه إذا توحّد القصد بلغ الغرض وإن تشعبت الطرق، كجعبة من السهام تتناولها أيد كثيرة تسددها إلى هدف واحد أو كطرق مختلفة تؤدي إلى مدينة واحدة، أو كسيول عديدة تلتقي في بحر واحد، أو كخطط جمّة تجتمع في قلب مزولة.

وهكذا نجمع أمرنا على شيء واحد فلن يكون من غالب لنا.

فإلى فرنسا يا مولاي واجعل الجيوش الإنجليزية أربعة، خذ واحداً منها فقط إلى غاليا ترتعد فرقاً، ونحن الماكثون هنا إن لم نجزر الكلب العاوي بالجيوش الباقية، فلتهلك أنفسنا ونخلع لباس البأس والعزم.

الملك هنري: أدخلوا السفراء من لدن ولي عهد فرنسا.

(يخرج بعض الحضور)

أما الآن فقد صح عزمنا. وستخضع فرنسا لبطشنا. على الله توكلنا وعليكم أنتم يا عماد قوّتنا.

22

إن فرنسا لنا فإن عصت ضربناها شذر مذر. سنجلس على عرشها نصرف ملكها الضخم ونأمر في من عليها من أمراء أعزاء.

فإذا خاننا الحظ وارينا عظامنا هذه في أتفه الأكفان، لا يضمّها قبر ولا يشيد بها ذكر.

إن لم تنطق فعالنا بحمدنا، فليكن اللحد الصامت العاطل من حلية الدين نصيبنا.

(يدخل سفراء فرنسا)

إنكم قادمون من لدن ولي العهد لا من لدن ملك فرنسا، فها نحن أولاء نسمع ما يقوله ابن العم العزيز.

السفير الأول: هل تسمح لنا يا صاحب الجلالة أن نجهر بالقول صريحين أم تريدنا مشيرين إلى ما يريده ولي العهد تلميحاً؟

الملك هنري: ما أنا بالطاغية، بل ملك مسيحي أملك عواطفي وأخضعها خضوع السجين لقيوده، فأفصحوا عن رأي ولي عهدكم وكونوا قوماً صادقين.

السفير الأول: سأوجز في الكلام

لقد أرسلتم منذ زمن قصير تطالبون بإمارات إفرنسية زعمتم أنها تؤول اليكم من سلفكم العظيم الملك إدوارد الثالث. فهاكم جواب ولي العهد: إنها لجرأة تدل على ماضيكم؛ فليس في فرنسا ما يستطيع هواة الرقص والشرب أخذه، ولكنه رأى أن ينصف ما فيكم من عزم

فأرسل يهدي اليكم كأساً غلا مهرها عساكم أن تلهوا بها عن إمارات فرنسا.

هذا قول أميري ولي عهد فرنسا.

الملك هنري: (مخاطبا عمه) الهدية الغالية المهر!

إكستر: كريات للعب التنس يا مولاي.

الملك هنري: ما أشدّ فرحنا بمزاح ولي عهدكم. شكراً له على ما أهدى ولكم على مشقة تحملتموها. أما والله إنا إذا ما أخذنا عدّتنا وضربنا كرياتكم بمضاربنا فسترون تاج مليككم يتدحرج في ساحة اللعب.

لقد نازل أميركم لاعباً سيجعل بلاط فرنسا مسرحاً للعبه. إنه يشير إلى أيام لهونا في صبانا، جاهلاً نيتنا فيها؛ فبالحق أيها السادة إننا لم نكترث قط لعرش إنجلترا الحقير، ولذا جفوناه ولهونا وطربنا وما ألذّ اللهو بعيداً عن القصور.

ولكن أبلغوا أميركم عني أني سأجدّ وأكون ملكاً عظيماً على عرشي في فرنسا، وسيعلو مجدي هناك ويشعّ عظمة تبهر عيون فرنسا وتعمي ولي العهد إذا حاول النظر إلينا. بلغوا هذا الأمير المهذار أن نكتته جعلت من الكرات قذائف ستهتز لها نفسه بما تحمله إليها من النقمة.

إن سخريته سترمّل ألوفاً من النساء، وتيتم الأطفال، وتدك الحصون، وتجعل قوماً لم تلدهم أمهاتهم بعد

يلعنون ولي عهدكم عندما يجيئون إلى هذا العالم.
على أن الأقدار بيد الله، عليه توكلت وباسمه آتي طالباً
ثأراً وحقاً مقدساً. فاذهبوا بسلام وقولوا للأمير إن مجونه
قد يضحك القليلين ويبكي الكثيرين.
أوصلوهم بسلام. وداعاً.

(يخرج السفراء)

إكستر: إنها لسفارة ماجنة.

الملك هنري: وسنجعل وجه من أوفدها يحمرّ لها خجلاً. هيا أيها
السادة وخذوا أهبتكم للرحيل فلم يبقَ لنا شاغل إلا
فرنسا، ولسنا نفكر في شيء بعد الله إلا في فرنسا.
عجّلوا ولا تتوانوا، واشحذوا قرائحكم بغية الإسراع في
مبادرة هذا الأمر.
والله لنؤدبنّ هذا الأمير الإفرنسي في بيت أبيه.

(يخرجون)

الفصل الثاني

المنظر الأول

شارع بلندن

(يدخل الشاويش نيم[1] والملازم[2] باردولف)

باردولف: أهلا بالشاويش نيم.

نيم: نهارك سعيد يا حضرة الملازم باردولف.

باردولف: ألا تزال صديقاً للبيرق بستول[3]؟

نيم: أما أنا فلا يهمني الأمر. إني مقلّ لست بثرثار؛ أما إذا آن الأوان فسترى لطماً وضرباً. وليكن ما يكون. صحيح أني لست بالجريء الذي يقف وجهاً لوجه أمام خصمه، ولكني أقابله بعينين مغمضتين مفتوحتين وسيفي بيدي. وماذا في الأمر إذا كان سيفي سيفاً عادياً. إنه يفعل فعل السيوف الاخرى؛ يقلي الجبنة ويقوى على البرد. ذلك

---

(1) ترجمتُ Corporal بشاويش، ولم أشأ أن أتبع الألفاظ العريقة في القدم، المضللة للفهم. وLieutenaot بملازم وAncient وهو حامل العلم ببيرق تجنباً للفظتين وحملاً للاسم على اسم الفاعل.

(2) أنظر الملاحظة (1).

(3) أنظر الملاحظة (1).

سيفي وهذه النهاية.

باردولف: أتبرع لكما بعشاء إن عدتما صديقين، ثم نقسم نحن الثلاثة لنكونن إخواناً على أعدائنا الإفرنسيين. اقبل أيها الشاويش الطيب.

نيم: سأعيش ما استطعت إلى الحياة سبيلاً. هذا شيء أكيد، فإذا تعذرت أسباب الحياة أموت. هذه نيتي وهذا عهدي.

باردولف: في الواقع أنه تزوج بنلي كويكلي وكانت قد أغلظت لك الأيمان لتحفظن عهدك، فنكثت بالعهد ولوت الأيمان.

نيم: لا أعرف. دع الأمور تجرِ مجراها. فقد ينام بعض الناس وأعناقهم مشدودة إلى أجسامهم ويقول قائل إن للسكين حداً. دع الأمور في سيرها، فالصبر فرس متعب ولكنه يهرول. لكل شيء نهاية. والله لا أدري.

(يدخل بستول وامرأته)

باردولف: ها هو البيرقي بستول وامرأته. كن حليماً يا شاويش. كيف حال المعلم بستول[1]؟

بستول: أتدعوني معلماً أيها الكلب الدنيء؟ قسماً بيدي لن ينزل ضيف نزل امرأتي فيها بعد. إني أحتقر المهنة.

المعلمة: لقد عجزنا أن نأوي أربع عشرة امرأة يعشن من عرق

جبينهن شريفات، ثم يأتي الناس بعد ذلك ويقولون إنا ندير منزلاً للبغاء. (يستلّ نيم سيفه). يا للداهية لقد استلّ سيفه (يستلّ بستول سيفه أيضاً) سنشهد قتلاً وزنى يرتكبان عمداً.

باردولف: لا تقتتلا أيها الرجلان الصالحان.

نيم: اخسأ.

بستول: اخسأ أنت يا كلب إيسلانده يا مثقوب الأذن.

المعلمة: حلمك يا شاويش نيم واغمد السيف.

نيم: ألا تقلعين أو أرمّلك.

بستول: ترملها أيها الكلب المنبوذ. يا ثعباناً دنيئاً. الموت في وجهك العجيب. في أسنانك، وفي حلقك وفي رئتيك الكريهتين. بل في بطنك وشر من ذلك. في مخك القذر. إني أرجع كلمتك الفاجرة إلى مصارينك. لقد حميتُ واشتدّ زنادي فارقب النار.

نيم: لست بشيطان حتى تعزم علي. بي شوق إلى قرع رأسك قرعاً. إن قذرتني يا بستول نظفتك بسيفي، وإذا وليتَ دبرك خرقتُ مصرانك خرقاً. هذا قولي.

بستول: ثرثار سافل ومخلوق ملعون. لقد فتح القبر فاه واقترب حتفك. إلى الطعان.

(يستل نيم سيفه)

باردولف: السمع السمع. والله لأغمدن سيفي فيمن يبدأ بالضربِ
منكما. قسم جندي باسل.
(يستل سيفه)

نيم: إنها ليمين مغلظة؛ فليهدأ الغضب. هات يدك. هات
قبضتك هاتها فإن الشجاعة من خلقك.
(يغمدون سيوفهم)

نيم: سأحزّ رقبتك يوماً ما. هذا قولي.

بستول: إني أتحداك يا مجرم. أم تظنك تحرجم على بعلتي يا كلب
كريت. مسكين. عليك بمبرصة تختار من عيب أمكنتها
امرأة خائنة تليق بك. لقد حزتُ كويكلي وستبقى تحتي
امرأة لا مثيل لها في النساء. حسبي. وحسبك. اذهب.
(يدخل غلام خادم)

الغلام: تعال إلى سيدي يا معلم بستول وأنتِ أيضاً يا معلمة. إنه
مريض طريح الفراش. تعال يا باردولف. ضع وجهك
بينه وبين غطائه عساه أن يدفأ. والله لقد اشتدَّ مرضه.

باردولف: اذهب يا لئيم.

المعلمة: وذمتي ستأكله الغربان عما قريب. لقد كسر الملك قلبه.
هلمّ إلى البيت أيها الزوج الطيب.
(تخرج مع الغلام)

باردولف: لا بدّ من جعلكما صديقين. إننا ذاهبون إلى فرنسا فلِمَ

نؤثر رقابنا عل رقاب أعدائنا؟

بستول: دع الطوفان يطغى وخلِّ الأبالسة تنبح جوعاً.

نيم: أوفِ لي بثمانية شلنات قمرتك إياها.

بستول: ملعون العبد الذي يوفي.

نيم: لا بدّ من ذلك. هذا قولي.

بستول: أبرز إلى الميدان والجزية على الخاسر.

(يستلّ كل منهما سيفه)

باردولف: قسماً بهذا السيف لأردين من يبدأ بالطعن. بهذا السيف أرديه.

بستول: نعمُ السيف يميناً. فالأيمان أملك، عليك أم لك.

باردولف: إن مودة فمودة. وإن عداوة فإنك تصبح عدواً لي أيضاً. رجوتكما قفا.

نيم: لا بدّ لي من الشلنات الثمانية التي قمرتك إياها.

بستول: سأعطيك سبعة شلنات الآن وأسقيك كأساً تبرعا فنعيد الصداقة والولاء سيرتهما الأولى ونلبث أحدنا ألصق للآخر من أخيه. إني اتوقع عملاً قذراً في المعسكر يدرّ الربح الجزيل. هات يدك.

نيم: وآخذ الشلنات السبعة؟

بستول: نقداً وعداً.

نيم: حسناً. هذا قولي.

(تعود المعلمة)

المعلمة: إن كان فيكم أثر من الحنان، فتعالوا انظروا إلى السرجون؛ يا قلبي لقد أضنته الحمى وأصبح يرثى لحاله. تعالوا إليه.

نيم: لقد أساء الملك إليه. هذا قولي.

بستول: أصبت يا نيم، فقلبه انكسر وذاب.

نيم: أما الملك فمللك حليم ولكنه له نزوات ولوليه معه يومان، يوم ميمون ويوم مشؤوم.

بستول: لنذهب معاً نخفف الأمر على السرجون ونعيش بعد ذلك قوماً صالحين.

(يخرجون)

المنظر الثاني

بلدة سوثامبتن. قاعة الشورى

(يدخل إكستر، وبدفورد، ووستمورلند)

بدفورد: والله إنها لجرأة من الملك ثقته بهؤلاء الخونة.

إكستر: سيقبض عليهم عما قليل.

وستمورلند: لله درهم كيف يلبسون لباس الطمأنينة. كأن الولاء كامن في طي قلوبهم يتوّجه الإيمان والإخلاص!

بدفورد: أما الملك فيعلم سرّهم وأخفى من رسائل لهم قاطعها وهم لا يعلمون.

إكستر: عجباً! كيف يقوى رجل قربه الملك ونادمه وأحظاه أن يخونه ويبيعه بدراهم أجنبية؟

(صوت أبواق. يدخل الملك ومعه سكروب، وكامبردج، وجراي، وأتباع)

الملك هنري: سكنت الريح وسنقلع عما قليل. أفتوني أيها الملأ. ألا ترون قواتنا التي حشدنا أهلاً لاختراق صفوف الإفرنسيين ولتنفيذ ما اعتزمناه؟

سكروب: لا شك في ذلك يا مولاي. على أن يقوم كل أحد بتبعته خير قيام.

الملك هنري: أنا واثق من هذا. عالم أن ليس بين المجاهدين معنا قلب لا يخفق هوى لنا، وليس بين المتخلفين من لا يودّ نجاحنا وانتصارنا.

كامبردج: ما من ملك هابه الناس وأحبوه حبهم لجلالتك، حتى لا أجد بين الرعية أحداً ينقم عليك حكومتك العادلة.

جراي: والذين كانوا أعداء لأبيك استبدلوا مرارة حقدهم عسلاً، وأسرعوا إلى ركابك مخلصين.

الملك هنري: لذلك حقّ علينا الشكر، وحقّ علينا جزاء الإحسان بالإحسان وإلا كنا غير جديرين بالملك.

سكروب: وهكذا تشتد السواعد في خدمتك يحدوها الرجاء والأمل.

الملك هنري: إننا لا نشكّ في محبتكم لنا. اذهب أيها العم دوق إكستر وأطلق سراح الرجل الذي وَضع منا البارحة وسبّنا، فما نظن فعلته إلا عقبى الخمر؛ لقد ترّوينا في الأمر وعفونا عنه.

سكروب: إنها رحمة خليق صدورها من مولاي، ولكنها مجازفة بسلامته فقد تشجّع نجاة الجاني من القصاص غيره أن يحذو حذوه.

الملك هنري: لنكن رحماء.

كامبردج: القصاص لا ينفي الرحمة.

جراي: إنك ترحمه يا مولاي إذا عفوت عن حياته، بعد أن يذوق
العذاب.

الملك هنري: إن حبكم لنا وعنايتكم بسلامتنا تشفع شفاعة سيئة بهذا
المسكين. فإننا إن لم نغض عن هفوات مثل هذه يتعذر
علينا أن نفتح أعيننا على جرائم فظيعة تمضغ وتبلع
وتهضم أمامنا. بل نطلق سراح الرجل ولو أراد السادة
كامبردج، وسكروب، وجراي قصاصه حباً بنا. والآن
هيا إلى شؤون فرنسا. من أمّرنا منكم بالأمس؟

كامبردج: أنا يا مولاي أحد الذين جاءوا يلتمسون إمارة في الجيش
تنفيذاً لوعدك.

سكروب: وأنا يا مولاي.

جراي: وأنا أيضا يا مولاي.

الملك هنري: خذ يا ريتشارد لورد كامبردج. هذا لك. وخذ هذا يا
لورد سكروب ماشام. وهذا لك أيها الفارس النبيل
جراي نورثمبرلند. اقرأوا تعرفوا إني أعلم ما تساوون.
إننا نسافر الليلة أيها العم إكستر.

ماذا؟ ماذا جرى أيها السادة؟ ماذا رأيتم في هذه الأوراق؟
مما يمقع اللون؟

أنظروا إليهم كيف تبدّلت وجوههم وجوهاً أخرى
نحسبها ورقاً. ماذا أنتم قارئون حتى أخجلتم دمكم ففرّ
عن الأنظار جباناً؟

كامبردج: إني أقر بذنبي واستغفر لذنبي من رحمتك.

جراي وسكروب: الرحمة الرحمة يا مولانا.

الملك هنري: لقد أطفأتم الرحمة التي ذكت في قلبنا منذ هنيهة، وقتلتموها بما قدمتم من رأي وشورى. أليس بكم من الحياء ما يحول دون جرأتكم على الاسترحام. لو نظرت عقولكم إلى قرارة نفوسكم لانقلبت عليها كلاباً تنكر أسيادها وتنقلب عليهم وتمزقهم.

أنظروا أيها الأمراء والسادة النبلاء هذه الوحوش الإنجليزية. هذا لورد كامبردج وكلكم يعلم كم كنت أسرع في رفعه إلى ما يتمنى حباً به. لقد باعني بثمن بخس دراهم معدودة وتآمر علي وأغلظ الأيمان لفرنسا ليعينها على قتلي هنا في هامبتون. وقد مد له يده وأقسم قسمه هذا الفارس الآخر (مشيراً إلى جراي) ولم يكن أقل من شريكه دنواً من نعمتي.

وأما أنت. فماذا أقول فيك يا لورد سكروب. أيها المخلوق القاسي الغادر الوحشي؟ لقد كنتَ لديّ مكيناً أميناً جعلتك على خزائن رأيي، وأفشيت لك قرارة نفسي، وبلغتـك سلطانـاً عليّ يمكنك من صكي ذهباً لو أردت نوال الذهب. فكيف يستأجرك الغـريب، وكيف أذكى فيك جذوة صغيرة من الشر اتّقدت فنالت أنملتي بسوء؟

غريب والله الأمر وبعيد عن نظري، لا أكاد أراه وإن ظهر ووضح وتبين كالخيط الأبيض من الخيط الأسود.

إن الغدر والقتل شيطانان ألف الناس رؤيتهما متآزرين يعملان بما فطرا عليه. وأما أنت فقد أخلفت ما أمل الناس، ولويت وعد الغريزة، وأقدمت على عمل أدهش العالم في ائتلاف الغدر والقتل.

إن الشيطان الماكر الذي أغواك بزّ أقرانه في جهنم وفاز بالسبق. فالأبالسة الأخر يغوون فيكسون باطلهم ثوباً شفافاً من الصلاح. وأما الذي أضلك فأمرك بالوقوف وجرّدك من كل ما ينتحل سبباً يبرّر الغدر- إلا سبباً واحداً- ذلك أن تفوز بلقب خائن. فوالله لو وطئ هذا الشيطان المغوي الأرض كلها وجاب قاصيها ودانيها فلن يلبث أن يعود إلى جهنم مسراً إلى زبانيته إني لم أر نفسا أسهل انقياداً لي من نفس هذا الإنجليزي.

تعساً لك كيف أفسدت لذة الإخاء بما ألبسته من الشك. فقد كنتَ تلوح لي آية من آيات الكمال. إن عُدّ الرجال العاملون كنتَ منهم، أو ذكر رجال العلم والوقار كنتَ فيهم. حسبك رفيع ودينك ثابت. خلقك الاعتدال لا تصدر عن هوى ولا يدنو منك غرور. عادل لا تأخذ بما يُسمع أو بما يرى حتى تزنه بميزان الحكمة. نعم فقد كدتَ تكون منزهاً عن الدنايا فسقطتَ وكان سقوطك

وصمة يوصم بها أنبل الناس وأبرعهم. سأبكيك مشبهاً سقوطك بسقوط أول الرجال الساقطين.

(مخاطبا حاشيته)

جريمتهم ظاهرة. سوقوهم ليحاكموا على ما جنت أيديهم وعسى الله أن يغفر لهم.

إكستر: أتّهمكم بالخيانة العظمى. أنت يا ريتشارد لورد كامبردج، وأنت يا هنري لورد سكروب، وأنت يا توماس نورثمبرلند.

سكروب: الله كشف بعدله نياتنا؛ إني أستغفر لذنبي يا مولاي راجياً عفوك عن الخطيئة، وأما عن العقاب عليها فلا. بل أدفع بجسدي ضحية عن ذنبي.

كامبردج: ما أغوتني أموال فرنسا وإن كنتُ قد قدمتها سبباً للإقدام على ما ارتكبت. ولكنني أحمد الله الآن إذ حال دون الشر. وهأنذا أضحي بنفسي جراء فعلتي مستغفراً من الله ومنك لذنبي.

جراي: ما سُرّ عبد مخلص بافتضاح هذه الخيانة سروري أنا الآن. فاصفح يا مولاي عن ذنبي وضحِّ بنفسي.

الملك هنري: غفر الله لكم من رحمته. اسمعوا القضاء فيكم. لقد تآمرتم على الملك مع عدو غير مداج باع منكم موتي، فلو نجح الأمر لكنتم قدمتم ملككم إلى الذبح وأسلمتم أمراءه ونبلاءه إلى العبودية، وشعبه إلى الذلة والمسكنة، ومُلكه

إلى الخراب. إننا لا نثأر لنفسنا، وأما سلامة الوطن الذي رمتم خرابه فعزيزة علينا نرعى عهودها ونسلمكم إلى حكم شريعتها.

أغربوا عني أيها الأشقياء التاعسون إلى موتكم واسألوا الله أن يخفف وقعه عليكم عسى أن تتوبوا من جرمكم. خذوهم.

(يخرج كامبردج، وسكروب، وجراي محروسين)

والآن إلى فرنسا أيها السادة. لا ريب أن الله سيأخذ بيدنا إلى حرب محظوظة إذ أنقذنا من فتنة كمنت لنا وكادت تعرقل مسعانا. أما الآن فقد أصبح الطريق ممهداً. على الله توكلنا. إلى البحر. فقد خفقت راية الحرب ولست بملك على إنجلترا إن لم أصر ملكاً على فرنسا.

(يخرج الجميع)

المنظر الثالث

لندن. أمام حانة رأس الثور

(يدخل بستول، والمعلمة، ونيم وباردولف، والغلام الخادم)

المعلمة: دعني أشيعك حتى ستينس أيها الزوج الحبيب.

بستول: لا. لا. إن قلبي لحزين. لا تبتئس يا باردولف. اشدد حيلك يا نيم. وأنت يا غلام تشجع. فقد مات فالستاف وحقّ علينا الأسى.

باردولف: ليتني أتخذ معه سبيلاً. وسيان عندي جهنم أو السماء.

المعلمة: معاذ الله أن يكون مقرّه جهنم، أنما هو في حضن إبراهيم، إن حقَّ لرجل أن يكون في حضن إبراهيم. لقد مات ميتة هنيئة كأنه طفل ما تجاوز الشهر، وكان ذلك بين الساعة الثانية عشرة والواحدة عند انقلاب المدّ جزراً، فإني لما رأيته يبعث غطاه ويلعب بالأزهار، ويبسم لأنامله، قلت ما عاد له من سبيل؛ ثمّ استوى أنفه على قاعدته واخضرّ نبته فقلت له: «تشجّع يا سرجون»، فنادى ربه مثنى وثلاث ورباع، فقلت له: «دع ذكر ربك الآن»، عساني أن أصرف عنه الخوف وأواسيه وألهيه عن التفكر بالآخرة؛ فسألني أن أدثر رجليه، فمددتُ يدي ولمستها فإذا بهما أبرد من الحجر فأصعدتُ يدي أتلمسه حتى الركبتين،

فإذا بهما أبرد من الحجر، وهكذا صعدت يدي إلى فوق، وفوق، وفوق، فإذا كل شيء أبرد من الحجر.

نيم: أصحيح أنه لعن الخمر؟

المعلمة: صحيح.

باردولف: والنساء؟

المعلمة: لا. أبداً.

الغلام: بل فعل؛ وقال إنهن شياطين في صورة آدميين وإنهن السبب في هلاكه.

المعلمة: صحيح أنه ذكر النساء في بعض كلامه، ولكنه عنى عاهر بابل، وما كان يعي ما يقول.

الغلام: ألا تذكرون إذ رأى مرة ذبابة لاصقة بأنف باردولف فقال إنها روح شريرة تحترق في نار جهنم؟

باردولف: ذاب الوقود الذي كان يضرم النار، وهذا كل ما جنيت من خدمته.

نيم: ألا ترحلون؟ فالملك سافر مُقلعاً من سوثامبتون.

بستول: هلم بنا. تعالي يا حبيبتي؛ هاتي شفتيك أقبلهما. إعني بمالي في غيبتي وتعقلي، وليكن شعارك (الثمن نقداً). لا تثقي بأحد فالأيمان قش وهباء، وقسم ابن آدم أرق من كعك الهواء. اجعلي الحذر مع الحرص شعاراً لك لا تحيدي عنه. اذهبي امسحي دموعك. وأنتم يا زملاء السيف

هلم بنا إلى فرنسا نحتذي فيها مثال العلق؛ نمصّ الدماء مصّاً.

الغلام: يا له من طعام تعافه الأنفس!

بستول: قبلها وهيا بنا.

باردولف: الوداع يا معلمتي (يقبلها).

نيم: النكتة إني لا أستطيح أن أقبلك. الوداع.

بستول: قري في بيتك، وليكن التوفير رائدك.

المعلمة: الوداع.

(يخرجون)

المنظر الرابع

فرنسا. غرفة في قصر ملك فرنسا

(أبواق. يدخل ملك فرنسا، وولي عهده، ودوق برغانديا، والكونيتابل وآخرون)

ملك فرنسا: لقد حشد الإنجليز جيوشهم وحقّ علينا أن نحذو حذوهم فأسرعوا يا أمراء بري وبريتانا وبرابان وأورليان ومعكم ولي العهد، هيئوا الصفوف واملأوا مدننا الحربية بالرجال الأشداء ومعدات الدفاع، فالعدو قادم كالسيل ينحدر في خليج مبتلع، ولنتعلم من الوقائع الماضية وما تركناه في ساحة القتال ثمناً لإهمالنا عسانا أن نأخذ العدة الواقية الآن.

ولي العهد: حقاً. إن علينا التأهب لملاقاة العدو. فالحيطة والحذر حتم على الملك حتى في ساعة السلم، فلا نستكين بل نعمل كأن العدو على الأبواب. لنتفقد مواطن الضعف في فرنسا؛ ولكن في غير رهبة أو وجل، فهؤلاء الإنجليز ملكوا عليهم شاباً مغروراً طائشاً فارغاً وحمّلوا صولجاهم لهازل، فلا تخافوهم إنهم يمرحون ويرقصون، لا يحاربون.

الكونيتابل: عفوك يا صاحب السموّ، فقد أخطأ تقديرك ذلك الملك.

سل السفراء الذين أوفدوا إليه ينبئوك عن جلال لقاه،
إذ وجدوه معززاً بالشورى الحصيفة، يسترشد الرأي
السديد وينفذ أمره كالسهم المارق. سل تعلم أنه مثل
الروماني بروتوس، جعل من ماضي لهوه رداءً لحاضر
جدّه. كالبستان يُخبئ جذوراً تُنبت الطيّب تحت سماد
قذر.

ولي العهد: سواء علينا أكان الأمر ما تقوله أنت أم ما أظنه أنا، فعدة
الحرب أن نقدر العدو فوق قدره نضمن وسيلة الدفاع
ونقوم بالغرض فلا نكون مثل البخيل يضن بقليل من
القماش فيتلف الثوب.

ملك فرنسا: احسبوا الملك هنري قوياً، واجعلوا قوتكم كقوته.
ألا تذكرون جدّاً له من قبل هبط علينا واقتحم سبلنا،
وألبسنا العار في كريسبي، إذ ساق أمراءنا في إساره؟
ذلكم إدوارد أمير ويلس الأسود حطم ما أقامت الطبيعة
وخرّب ما عمّر الله وآباؤنا في عشرين سنة تحت سمع
أبيه وبصره، ذلك الأب الذي وقف على أكمة تتوجه
الشمس يرقب بطولة ابنه! إني أرى هذا الفرع من تلك
الأصول. فلنخشَ أمره ولنقدره قدره.

(يدخل رسول)

الرسول: سفراء من لدن هنري ملك إنجلترا يسألون حظوة المثول.

ملك فرنسا: سأراهم في الحال؛ أدخلهم.

(يخرج الرسول ومعه بعض الأشراف)

ولي العهد: لنبدأ بالهجوم خير لنا من الدفاع. الكلب الجبان يسرف في النباح إذا بعد عنه الخطر. جاهد الإنجليز يا مولاي واصمد لهم قبل أن يتحركوا يعلموا قوة ملك أنت تاجه. إن الأنانية خير ونعمة إذا قيست بإهمال المرء نفسه.

(يعود الأشراف ومعهم دوق إكستر وحاشيته)

ملك فرنسا: أمن لدن أخينا ملك إنجلترا؟

إكستر: نعم، وهو يقرئك السلام ويسألك باسم الله القدير أن تتنحى عما اغتصبت، وتترك مجداً مستعاراً هو بنعمة السماء وبحكم القانون والعرف حق من حقوقه. عنيت تاج فرنسا وما حوى من مفاخر ألحقتها به سير الزمان وحكم العادة. هاك وثيقة بيّن لك فيها حقّه. ما استخرجها من مجلدات طال عليها القدم، بل بينها بيان حجة دامغة، فإذا ما تبين لك الرشد أن ملكنا ينحدر من صلب أشرف الجدود، إدوارد الثالث، فاقلع عن غيّك ودع عنك تاجاً وملكاً اختلستهما من صاحبهما الشرعي.

ملك فرنسا: وماذا إن لم أفعل ما تقول؟

إكستر: يأخذ حقّه اغتصاباً. فلو خبأتم التاج في طي جوانحكم لاقتحمه فيها وأتاكم كعاصفة هوجاء في صحبة البرق والرعد والزلزال، كأنه إله الحرب إن لم ينل مرامه سؤالاً، ناله اقتساراً. فارحم نفوساً تصير طعاماً سائغاً لحرب

جائعة فاغرة فاها وإلا وقع على رأسك دموع الأرامل وصراخ اليتامى، ودماء القتلى ونداء الغواني رجالها وإخوتها ومن تود قلوبها. ناشدتك أحشاء الرب أن تذعن وتؤدي الأمانات إلى أهلها، فتقي الآمنين شر بلاء مستطير. هذا قولي. وهذه دعوى مليكي وهذا وعيده. إن كان ولي العهد بينكم فله رسالة عندي.

ملك فرنسا: أما نحن فننظر في الأمر ونجيب أخانا ملك إنجلترا غداً.

ولي العهد: وأما أنا فها أنا أنا. ماذا تحمل إليّ من إنجلترا؟

إكستر: ازدراءً، واستفزازاً، وصغاراً وكل ما يليق بك ولا ينقص من قدر الموفد العظيم. هكذا يقول مليكي: «إن لم يذعن أبوك لكل ما أطلب فيمحو أثر سخريتك، فإنه يقتضي منك وفاءها ثمناً يجعل كهوف فرنسا ومغاورها تردد صدى ما ينالك من جزاء.

ولي العهد: إن جاملكم أبي فعلى غير ما أريد. فأنا لا أضمر خيراً لإنجلترا، وما أرسلت تلك السكريات الباريزية لملككم إلا تقديراً لرعونته في شبابه.

إكستر: وهو سيدكّ لوفرك الباريزي انتقاماً منك، ويهز أركان أعظم بلاط في أوربا هزاً. وسوف تشهد أنت ما شاهدنا نحن قومه من الفرق بين أيام لهوه في شبابه، وبين ما هو عليه الآن. سترى ملكاً يزن الأمور بمقدار، وسوف تعلمون إذ ينصره الله في عقر داركم، وسوف تعلمون...

ملك فرنسا: سنبلغك ما ينتهي إليه رأينا غداً.

اكستر: أسرعوا وإلا جاءكم مليكنا نفسه يستقصي سرّ إبطائنا،
فقد كادت رجله أن تطأ أرضكم، أو أنها قد وطئتها الآن.

ملك فرنسا: سنسرع ونسرحك تسريحاً حسناً، وليس الأمر بيننا إلا
للغد. أليس الغد بقريب؟
(يخرج الجميع)

الفصل الثالث

المنظر الأول

فرنسا – أمام بلدة هارفلور

(أبواق. يدخل الملك هنري والأمراء إكستر، وبدفورد، وجلوستر،
وجنود يحملون سلالم تسلق)

الملك هنري: كرّوا أيها الأخوان. كرّوا مرة أخرى واقتحموا الخندق
فاتحين، أو خلوا جثثكم فيها تحكم سدّها.

ما أجدرنا بخفض الجناح في زمن السلم. أما إذا عصفت
أبواق الحرب ودوّت في آذاننا فلنقتدِ بالفهد ونتخذه
مثالاً.

وتِّروا أعصابكم واستنجدوا بأسكم وأسبلوا على لين
خلقكم مهابة الغضب.

أعيروا عيونكم لحظات البأس تحملق من منافذ الرؤوس
كأنها مدافع نصبت في عيون السفينة، وليعلُها جبين لكم
مخيف كما علا جلمود صخر واستطال عل فروع له مدّت
جذورها في بحر متلف هائج.

حرِّقوا أنيابكم، وسِّعوا أنوفكم، احبسوا أنفاسكم،

وسدّدوا كل وتر في قوس نفوسكم.

إلى الأمام، إلى الأمام يا أشراف إنجلترا!

إن دماءكم تنحدر من صلب آباء هذّبتهم الحرب. لله درهم كأن واحدهم الإسكندر؛ قاتلوا في هذه الساحة من مطلع الشمس حتى مغيبها وما أغمدوا سيوفهم حتى قضوا لها وطرها. لا تُلبسوا العار أمهاتكم واثبتوا، إنكم من ظهور من تدعونهم آباءكم.

أقيموا من بأسكم مثالاً يحتذيه من هو دونكم.

وأنتم أيها الفرسان المتطوعون الذين نمتهم إنجلترا، أرونا الآن طيب مرعاكم وأنكم جديرون بشريف أرومتكم جدارة لا شك فيها؛ فلستُ أرى فيكم سافلاً أو وضيعاً لا تتقد عيناه بلهيب الشرف.

هأنذا أرى الفريسة وأراكم في الرباط تتحفزون للانتقاض عليها.

ها قد أطلق لكم العنان، فهبوا وقولوا: الله والقديس جورج مع هنري وإنجلترا.

(يخرج الجميع)

المنظر الثاني

الساحة نفسها

(يدخل نيم، وباردولف، وبستول، والغلام)

باردولف: يا الله. امشوا. امشوا. هيا إلى الخندق.

نيم: رفقاً بنا يا مقدم، فالضرب حامٍ وليس لي أكثر من نفس واحدة. إن الحديد حامٍ. هذا مجمل الأمر وحاصله.

بستول: هذا صحيح. فالضرب غادٍ وآتٍ وعباد الله يموتون وتبقى ذكرى الخلود لحامل السيف والدرع.

الغلام: ليتني في خمارة بلندن. إني أبيع كل مجدي بزجاجة من الخمر والسلامة.

بستول: وأنا أيضاً لو تمّ لي ما أتمنى لطرتُ إلى هناك كالطير في دقة ميعاده لا في صدق وفائه.

(يدخل فلوالن)

فلوالن: إلى الخنادق يا أولاد الخنا. إلى الخنادق يا غجر. ألا تذهبون؟

بستول: ارحم رجالاً من لحم ودم، أيها الزعيم العظيم. خفّف ثورة غضبك. خفّف غضبك أيها الرئيس الجليل. ارحم واعف أيها الجميل الظريف.

نيم:
عاقبة الشرف ضرب وتقتيل.
(يخرجون إلا الغلام)

الغلام:
لقد خبرتُ- على صغري- هؤلاء الطبول الفارغة فوجدتني صبياً خادماً في نظرهم وليسوا هم الثلاثة برجال في نظري، وإن أحسنوا خدمتي، وهل يستوي ثلاث مساخر ورجل واحد؟

أما باردولف فذو كبد بيضاء ووجه أحمر، فتراه يستقبل الخطب بوجهه ويفرّ جباناً بكبده.

أما بستول فلسانه قاتل وسيفه مسالم، ولذا تراه يحطم الكلام ويبقي على الحسام.

أما نيم فقد قيل له إن خير الرجال أقلهم كلاماً، فلذا تراه يأنف أن يصلي مخافة أن يوصم بجبن، فكلامه القليل الطالح لا يزيد عن عمله الصالح فإنه ما حطّم رأس أحد عمره، إلا رأساً له يوم اصطدم ثملاً بعمود.

يسرقون ما يستطيعون إليه سبيلاً، ويدعون الأمر تجارة رابحة.

فقد اختلس باردولف مرة صندوق قيثار وسار به اثني عشر فرسخاً، ثم باعه بدرهمين.

أما نيم وباردولف فأخوان متحالفان على السرقة. أخذا مرة منقل وقود في كاليه، فأدركت عندئذ صغر نفسيهما وسهولة الهوان عليهما.

يريدونني أن آلف جيوب الناس إلفة المناديل، وهذا ما لا تستسيغه رجولتي، فإني إن أخذت ما في جيوب الناس إلى جيبي أملأها شراً.

فلأهجرنهم إلى خدمة خير منهم، فنذالتهم أقوى من أن أهضمها وسأتقيأها (يخرج).

(يعود فلوالن ومعه جوار)

جوار: تعال إلى الخنادق فقد أرسل الدوق جلوستر في طلبك.

فلوالن: إلى الخنادق؟ قل للدوق إنه من سوء الرأي أن نذهب إلى الخنادق. فليست هذه الخنادق على قواعد النظم الحربية المرعية؛ فقد صغروا مقعراتها فحفر العدو لنفسه حفراً تحتها على عمق أربع أذرع. قل هذا للدوق. فقد والله تنسف كلها إن لم يتول القيادة خبيرون.

جوار: الدوق جلوستر أشرف على الحصار وساعده الأيمن إرلاندي نبيل شجاع.

فلوالن: أليس الضابط ماكموريس؟

جوار: هو بعينه.

فلوالن: والله إنه حمار؛ أقولها في وجهه فهو لا يعلم عن نظام الحروب، والنظم الرومانية أعني أكثر من كلب.

(يدخل ماكموريس والضابط جامي)

جوار: ها هو قادم ومعه الضابط الإسكتلندي جامي.

فلوالن:	أما الضابط جامي فباسل عجيب. أقولها لوجه الله بعد أن قتلته معرفة. عالم بأصول الحرب القديمة ويصمد لأي جدل يقوم على قواعد القتال الرومانية.

جامي:	طاب يومك يا فلوالن.

فلوالن:	ويومك أطيب أيها الضابط جامي.

جوار:	هل تركت الخنادق يا ماكموريس؟ وهل ترك المهندسون العمل؟

ماكموريس:	يا له من عمل فاسد! أقسم بيدي وبروح أبي أن العمل ناقص، رديء، ها هم قد تركوه وبوقوا القهقرى. لو خلا لي الأمر لنسفت المدينة في ساعة. يا لله من سوء ما يفعلون!

فلوالن:	أتأذن يا حضرة القائد ماكموريس بمناقشة ودية بيني وبينك في قواعد الحرب ونظمها؟ حوار نظري في الحروب الرومانية بغية توجيه رأيي وجهة صحيحة من ناحية، وليطمئن قلبي على الخطط العسكرية من ناحية أخرى. هذه المسألة...

جامي:	حسناً تفعلان؛ وأنا إذا رأيت مجالاً للقول معكما قلت.

ماكموريس:	ما هذا أوان الجدل، بل أوان الشد فالنهار والهواء والقتال والملك والقواد كلهم على نار حامية.

لا. لا جدال اليوم فالمدينة محاصرة والبوق يهتف بنا أن هلم إلى الخنادق، بينا نحن نهذي متعطلين. عار علينا

والله عار أن نقف مكتفي الأيدي وهناك رقاب للحزّ وأمور جسام تستدعي الحزم. يا لله. يا للعار أليس من يقوم ويفعل شيئاً؟

جامي: قسماً بالقداس الطاهر لأسعين إلى النجدة حتى إلى جوف الأرض أو ألقين حتفي؛ سأفعلها والله قبل أن تكتحل عيناي برقاد الليلة، فعلة شجاع باسل. إنما وددت لو سمعت حواركما.

فلوالن: يخيل إلي يا حضرة الضابط ماكموريس أن ليس في أمتكم...

ماكموريس: (مقاطعاً) في أمتي. وماذا في أمتي؟ لئيم ووغد وجبان وزنيم من يتكلم في أمتي.

فلوالن: اسمع؛ إنك إن لم تحمل كلامي محمله الصحيح تسيء إلي وما أنا أقلّ منك علماً بأصول الحرب أو أدنى حسباً.

ماكموريس: لا لستَ نظيري في شيء والله لأقطعن رأسك.

جوار: رويدكما. لقد أخطأ كل منكما فهم صاحبه.

جامي: خطأ فظيعاً.

(أبواق هدنة)

جوار: المدينة تطلب هدنة.

فلوالن: إن سنحت لي فرصة أخرى أقنعتك يا ماكموريس بعلمي أصول الحرب. وهذه نهايتها. (يخرجون)

المنظر الثالث

أمام أبواب مدينة هارفلور

الحاكم مع فريق من السكان على الأسوار – القوات الإنجليزية من تحت

(يدخل الملك هنري وحاشيته)

الملك هنري: هذه آخر هدنة أمنحها فما قول حاكم البلدة؟ إن سلماً فسلم موكول إلى رحمتنا، وإن حرباً فعودوا ابعثوها ذميمة غير مبالين الهلاك.

قسم جندي جدير بالاسم، وهو خير الأسماء لدي، إن عدتُ إلى ضرب حصونكم فلن أرجع عنها حتى أدكَّ مدينتكم في الرماد دكاً. عندئذ تقفل أبواب الرحمة وينطلق الجند وقد اغترف الدم فقسا قلبه وفقد شعوره، واتسع كجهنم ضميره فيحصد عذاراكم كالعشب وأطفالكم كالهشيم. وما علي إن حذت الحرب الكافرة حذو أغبر الوجه زعيم الأبالسة، فتمنطقت بالنيران وارتكبت المنكر وأسلمت الديار للدمار؟ وما علي إن اغتصبت عذاراكم اغتصاب بطش محرق؟ فهل يكبح جماح الشر الفاسق متى انحدر مسرعاً في ميدانه؟ إنه أسهل علينا وقتذاك أن نأمر الحوت فيأتي إلى الشاطئ

طائعاً من أن نمنع الجيش الهائج فريسته.

الذنب ذنبكم فارحموا أنفسكم يا أهل هارفلور، واتقوا شراً محدقاً بمدينتكم وعشيرتكم. ارجعوا إلى رشدكم ما دام زمام الجيش في يدي، وما دامت ريح السلام العليلة الباردة تبدد غيوم القتل والسلب والفسق؛ وإلا فسرعان ما تجدون الجند وقد أعماه الدم يحل شعور بناتكم المولولات بأيديه الخشنة، ويأخذ بلحى آبائكم البيضاء يضرب بها الحجر، ويرفع أطفالكم عراة على رؤوس الرماح فيجن جنون الأمهات ويعلو عويلهن مختلطاً بالسحاب كما حصل لنساء يهوذا يوم مذابح هيرودوس. ماذا تقولون؟ أتتجنبون الشرّ فتسلموا أم توغلوا في الحرب فتهلكوا؟

حاكم المدينة: قضي أمرنا وخاب رجاؤنا ولم يعد لنا في الدفاع عن المدينة حيلة بعد أن أبى ولي العهد نجدتنا لقلة عدته وعدده.

إننا لا نقوى على الحصار وها نحن نسلم أنفسنا ومدينتنا لرحمتكم. ادخلوا هارفلور وافعلوا بنا ما تشاؤون.

الملك هنري: افتحوا الأبواب. ادخل هارفلور أيها العم إكستر. امكث بها وحصنها نأمن هجوم الإفرنسيين. كن رحيماً بالجميع. أما نحن فسنعود إلى كاليه فقد اقترب الشتاء وبدأ المرض يدب في جيشنا. خذنا في ضيافتك الليلة في هارفلور ثم نرحل غداً. (يدخل الملك وحاشيته المدينة)

المنظر الرابع

تدخل الأميرة كاترين مع وصيفتها أليس

كاترين: 	إنك كنتِ في إنجلترا يا أليس وتتكلمين الإنجليزية.

أليس: 	بعض الشيء يا مولاتي.

كاترين: 	علميني من فضلك. يجب أن أتعلم الكلام. ما اسم اليد بالإنجليزية؟

أليس: 	اليد اسمها de hand

كاترين: 	de hand، والأصابع؟

أليس: 	الأصابع؟ بذمتي نسيت الأصابع. ولكني سأتذكر الأصابع! أظنهم يسمونها fingers، نعم de fingers.

كاترين: 	اليد de hand والأصابع de fingers. أظنني تلميذة مجتهدة، فقد تعلمت كلمتين إنجليزيتين على عجل. وما اسم الأظفار؟

أليس: 	الأظفار؟ de nails.

كاترين: 	de nails. اسمعي وقولي إن أحسنت:
	de hand, de fingers, de nails

أليس: 	حسناً يا مولاتي إنه نطق إنجليزي صميم.

كاترين: 	ما الذراع بالإنجليزية؟

أليس: de arm يا سيدتي.

كاترين: والكوع؟

أليس: de elbow.

كاترين: de elbow. سأعيد عليك الكلمات التي علمتني كلها.

أليس: صعب يا مولاتي.

كاترين: لا، اسمعي:

de hand, de fingers, de nails, de arm, de elibow

أليس: de elbow يا مولاتي.

كاترين: صحيح يا ألله كم أنسى. de elbow، وما اسم العنق؟

أليس: de neck

كاترين: de neck، والذقن؟

أليس: de chin

كاترين: de sin العنق de nick والذقن de sin

أليس: بارك الله في سموّك فإنك تنطقين الإنجليزية كأهلها.

كاترين: سأتعلمها في زمن قصير بإذن الله.

أليس: ألم تنسي ما علمتك إياه الآن؟

كاترين: لا. سأعيدها عليك:

de hand, de fingers, de Mails

أليس: de nails يا مولاتي.

كاترين: de nails, , de arm, de elibow

أليس: de elbow عفواً يا مولاتي

كاترين: صحيح. de elbow, de nick, de sin وما اسم الرجل والثوب في كلامهم؟

أليس: de foot يا مولاتي وde gown

كاترين: de foot et de coun يا رباه. هذه كلمات لفظها رديء، فظيع، دنس، غير عفيف ولا يليق بنساء شريفات أن يتلفظن بها، ولن أنطق بها أمام أشراف فرنسا أبداً. أف. de coun, de foot

سأعيد عليك الدرس مرة أخرى:

de hand, de fingers, de nails, de arm, de elbow

de nick, de sin, de foot, de coun

أليس: شيء بديع يا مولاي.

كاترين: يكفي اليوم ما تعلمته. تعالي إلى العشاء.
(تخرجان)

المنظر الخامس

غرفة أخرى في القصر نفسه

(يدخل ملك فرنسا، وولي عهده، ودوق بوربون، والكونيتابل، وآخرون)

ملك فرنسا: لقد ثبت أنه عبر نهر السوم.

الكونيتابل: إن لم نصمد له مقاتلين فلسنا أهلاً للإقامة بفرنسا، بل نرحل تاركين ديارنا لقوم متوحشين.

ولي العهد: سبحانك اللهم الحي. يقذف آباء لنا متهتكون بنطفة في أرحام همجية فيخرج لنا فرع يتطاول إلى السماء وتأخذه العزة بالإثم فيحقر مطعميه.

بوربون: نورمانديون. نورمانديون أدعياء[1]. أولاد زنا وموت نفسي إن لم نسحقهم الآن فلأبيعن إمارتي وأشتري بها حقلاً رطباً قذراً في تلك الجزيرة المتشعبة الأطراف التي يدعونها ألبيون.

الكونيتابل: ربي إله الحرب. من أين لأولئك الناس معدنهم الصلب؟ أليس هواؤهم رطباً بارداً بليداً تأنف الشمس أن تشرق عليه، فتعبس وتميت أثمارهم. أليس شرابهم ماءً لزجاً ممزوجاً بالشعير جديراً بالخيل المتعبة؟

____

[1] إشارة إلى فتح وليم الظافر النورماندي إنجلترا.

أمثل هذا الشراب يغلي دماءهم الباردة إلى أعلى درجات الحرارة بينا دماؤنا الحامية تهزها الخمر وتظل كأنا مثلوجة!

أنجلس كجلاميد ثلج عل سطوح بيوتنا لنشاهد قوماً أصقع منا يرسلون شبانهم عرقاً متصبباً في حقولنا الغنية... ماذا أقول؟ بل حقولنا الفقيرة بأصحابها الجبناء يا لضياع شرفنا من ضياع!

ولي العهد: والشرف والإيمان سوف يضحك منا نساؤنا ويقلن أسرف الإفرنسيون فأضاعوا رجولتهم، ويستسلمن لشهوة الشباب الإنجليزي فيلدن لفرنسا أبطالاً أدعياء.

بوربون: ويأمرننا بالذهاب إلى مراقص الإنجليز نعلمهم الرقص هازئات قائلات إن ظرفنا في كعوب أرجلنا، وإنا لغرارون عالون.

ملك فرنسا: أين مونتجوا البشير؟ ليطر إلى ملك الإنجليز يتحداه. وأنتم أيها الأمراء والنبلاء أجمعون أسرعوا إلى ميدان القتال بروح وثابة أحمى من حد سيوفكم اذكروا حسبكم ونسبكم وامحوا العار. قفوا في وجه هنري إنجلترا وقد دخل دياركم غازياً تخفق على رأسه أعلام لطخت بدماء هارفلور. كروا وانحدروا عليه كما انحدر سيل ذاب ثلجه فقذفت جبال الألب مياهه على الأودية السفلى. أهبطوا عليه بقوة وأتوني به إلى روان في مركبة الأسارى.

الكونيتابل: هكذا هكذا، وإلا فلا لا. إنه ليحزنني أن أرى جيش
إنجلترا يتضاءل ويمشي فيه الوهن والجزع حتى إذا ما
رأى جيشنا غرق قلبه في أحشائه فرقاً وعرض علينا
الاستسلام والجزية صاغراً.

ملك فرنسا: إذن أسرع وابعث مونتجوا رسولاً يقتضي ملك إنجلترا
الفداء.

أما أنت يا ولي عهدنا فموضعك إلى جانبنا هنا في روان.

ولي العهد: رجوت من جلالتك الإذن في القتال.

ملك فرنسا: صبراً. بل تمكث معنا. هيا أيها الكونيتابل، وأنتم أيها
الأمراء وأتونا بنبأ هلاك الإنجليز.

(يخرجون)

المنظر السادس

المعسكر الإنجليزي في بيكارديا

(يدخل جوار يلاقيه فلوالن)

جوار: أهلا بالكابتن فلوالن. أمن الجسر آتٍ؟

فلوالن: حدث عظيم وأفعال كريمة تدور حول الجسر.

جوار: أسالمٌ دوق إكستر؟

فلوالن: عظيم هو دوق إكستر. عظيم كاغا ممنون. هذا رجل أحبه وأجله من أعماق قلبي ونفسي وحياتي وعهدي وكلّ قوّتي. الحمد لله لم يصب بأذى بل يدفع عن الجسر دفاع الأبطال المدربين. على أني رأيت رجلاً– أظنه شاويشاً– على الجسر لا يفوقه ماركوس أنطونيوس شجاعة؛ رجلاً مجهول المكان يفعل فعل الأبطال.

جوار: ما اسمه؟

فلوالن: يدعونه الشاويش بستول.

جوار: لا أعرفه.

(يدخل بستول)

فلوالن: هوذا الرجل.

بستول: إن دوق إكستر يحبك يا حضرة الكابتن، فهل لك أن

تبلغه سؤلي؟

فلوالن: الحمد لله اذ استأهلت تقديره.

بستول: باردولف الجندي الباسل ثابت القلب، رابض الجنان قد خانه القدر القاسي ودار به دولاب البخت المتقلب الطائش الدايخ، ذلك الإله الأعمى الواقف على الصخرة القلقة المتدحرجة...

فلوالن: حلمك يا شاويش. إنهم يصورون الحظ أعمى والخمار على عينيه حتى يروا أن الحظ أعمى ويصوروه على دولاب حتى يروا أنه متقلب دوّار متغير. أرأيت الحكمة في ذلك؟ وكيف يضعون رجله على حجر كروي يتدحرج ويتدحرج ويتدحرج. لا جرم أن الشاعر أبدع في الوصف وأحسن. الحظ حكمة عالية.

بستول: الحظ عدو لباردولف يعبس في وجهه. فقد حدث أن سرق صليباً فحكموا عليه بالموت شنقاً. لعنها الله ميتة. دعوا المشانق تفغر أفواهها للكلاب وأطلقوا سراح الرجل. لا تجعلوا الحبل يضيق الخناق على قصبة تنفسه... الدوق إكستر يقضي عليه بالموت لأجل صليب تافه، فهلا ذهبت إليه تستعطفه عساه يستجيب لك فتنقذ باردولف من ميتة المجرمين. اشفع له أيها القائد بحياتي عليك.

فلوالن: فهمتك بعض الفهم يا شاويش بستول.

بستول: إذن أفرح لذكائك.

فلوالن: ليس الأمر مفرحاً يا حضرة الشاويش. لو كان صاحبك أخاً لي لسألت الدوق تنفيذ القصاص فيه. فالأمر أمر نظام محتم.

بستول: متْ ملعوناً وداهية على ودك.

فلوالن: لا بأس.

بستول: داهية إسبانية.

فلوالن: والله عال.

جوار: لقد عرفتُ الرجل الآن. إنه شقي متشرد مزور وسارق فاجر.

فلوالن: ولكنه كان ينطق بكلام الشجعان على الجسر. وأما هذا. وما قال لي. فسوف يأتي يومه.

جوار: من هؤلاء الأغبياء البلهاء المتشردين الذين يغامرون في الحرب بغية الرجوع إلى العاصمة بلباس الجندي، فإذا سمعتهم يتحدثون سمعت حديثاً عن هذا القائد وعن ذاك، وما فعل على هذا الجسر، أو ذاك الخندق، وأفاضوا في بسالة الواحد ونذالة الآخر وفي الشروط التي يطلبها العدو وكل ذلك بأسلوب حربي يزينونه بالأيمان المغلظة، ولا تسل عن الأثر الذي يتركه أمثال هؤلاء على المدمنين من رواد الحانات إذ يدخلونها بثياب الجندي أذابها القتال، أو بلحية قائد مصففة. إنك إن خفيت عليك

نقائص هذا الزمن خُدعت وأضلّك الأفّاقون.

فلوالن: لقد أدركت يا كابتن جوار أنه ليس ممن يظهرون ما
يضمرون، فإذا رأيت في سلوكه عوجاً سأصارحه الأمر
علانية (صوت أبواق) اسمع! الملك قادم وعلي أن أنقل
إليه نبأ الجسر.

(يدخل الملك هنري ودوق جلوستر وجنوده)

فلوالن: بارك الله جلالتك.

الملك هنري: أمن الجسر يا فلوالن؟

فلوالن: نعـم يـا مـولاي فقـد حمـى دوق إكسـتر الجسـر فارتـد
الإفرنسيـون خائبيـن وحاولـوا عبثاً أن يسـتردوه، وبقي
الـدوق السيد المطـاع. يا لـه مـن قتـال جبابـرة والتحام
أبطـال! والله يـا صـاحب الجـلالة إن دوق إكسـتر
لرجـل شـجاع.

الملك هنري: كم فقدتم من الرجال؟

فلوالن: كانت خسارة العدو كثيرة جداً ولا أظن الدوق فقد رجلاً
واحداً، إلا مخلوقاً سيقاد إلى الشنق جزاء سرقته الكنيسة؛
رجلاً اسمه باردولف تغطي وجهه البثور والقروح
وتلتهب عليه النار. تنفخ شفتاه على أنفه فتضرمه فإذا به
كالجمر الملتهب، مرة أزرق وتارة أحمر. أما الآن فقد قُضي
على ذلك الأنف وانطفأت ناره.

الملك هنري: وهكذا يقضى على المجرمين، إني آمر ونحن نمرّ الآن في

ديار الأعداء أن لا يؤخذ من القرى شيء بلا ثمن، وأن لا يُسبّ الإفرنسيون أو يُوجّه اليهم قارص الكلام، فإنه إذا تسابق اللين والعنف في شوط كسب البلاد لكان السابق المجلي ألطف الجوادين.

(يدخل الرسول الفرنسي مونتجوا)

مونتجوا: تعرفني من كسائي.

الملك هنري: إذن لقد عرفناك. وماذا أعرف منك؟

مونتجوا: رسالة مولاي الملك.

الملك هنري: انشرها.

مونتجوا: إليك ما قال مليكي: قل لهنري عاهل إنجلترا: «كنا نياماً فخيّل إليه أننا أموات، فما درى أن مخاتلة العدو خير من مفاجأته. فقد كان في وسعنا أن نصدّه في هارفلور، ولكننا آثرنا أن نفقي البثرة قبل نضجها، أما وقد جاء الآن دورنا فاصغ إلى كلمتنا القيمة. ستندم إنجلترا على فعلة ملكها وتفتح عيونها على ضعفه وصبرنا، فليتدبر من الآن افتداء نفسه مقدراً ما أصابنا من ضر في النفس والنفيس وما حملنا من عار. إنه على فقره سينوء بأداء الجزية فليس في خزائنه ما يساوي خسارتنا في المال ولا يعدل جيش من بلاده دماء أبطالنا المهراقة، ولا يكفر عن الوصمة التي لحقتنا سجوده إلى أقدامنا بتاجه. تحدّاه وقل له أنه غرّر بأتباعه فأوردهم موارد الهلاك المحتّم. هذا قول مولاي

66

الملك. وهذه رسالتي».

الملك هنري: عرفنا مهمتك. ما اسمك؟

مونتجوا: مونتجوا.

الملك هنري: أحسنت تأدية الرسالة، فارجع إلى ربك وقل له إنني لا أبغي مهاجمته الآن، وأؤثر أن أمرّ عليه في سبيلي إلى كاليه، غير معارض، وأسرّ إليك ما لا يسره عدو لعدو ماكر. لقد مشى المرض في جندي فأنقص منهم وأصبحت البقية الباقية لا تفضل مثلها من جيشكم الإفرنسي، أما والله لو كتبت لهم العافية لما بعت إنجليزياً واحداً بثلاثة إفرنسيين.

عفوك اللهم فإني أراني أتباهى. فقد نفخ هواؤكم هذه الرذيلة فيّ فحقّ عليّ الاستغفار لها. إرجع إلى ربك وقل له إني مقيم ههنا وليس لي من فدية أؤديها إلا هذا الجسد الناحل التافه وجيشاً صيره المرض حرضاً.

قل له إن الله يقودني وسأغتصب السبيل ولو قامت فرنسا كلها في وجهي تؤيدها جارة مثلها. وهذا رفدك أيها الرسول. تقول لربك ينظر في أمره فإن سكت مررنا بسلام، وإن تعرض لنا صبغنا أرضكم السمراء بدمائكم الحمراء.

وداعاً مونتجوا. وهاك زبدة الكلام. إننا لا نبغي حرباً ونحن على ما نحن عليه، ولكننا لا نتجنبها وإن كنا على

ما نحن عليه.

مونتجوا: شكراً يا صاحب السمو. سأبلغ الرسالة.

(يخرج)

جلوستر: ليتهم لا يهاجموننا الآن.

الملك هنري: إننا يا أخي في يد الله لا في أيديهم. إذهب إلى الجسر فقد
اقترب الليل وسنعسكر عبر النهر ونأمر بالمسير غداً.

(يخرجون)

معسكر الإفرنسيين بالقرب من أجنكورت

يدخل الكونيتابل والنبيل رامبور ودوق أورليان وولي العهد وآخرون

الكونيتابل: إني أحمل أحسن درع في العالم. ليت الصبح يجيء.

أمير أورليان: درعك جميلة لا ريب فيها إنما أراك تبخس فرسي حقه.

الكونيتابل: إنه أحسن فرس في أوربا.

أورليان: ألا يبدو هذا الصبح.

ولي العهد: تتباهيان هذا بدرعه وهذا بفرسه!

أورليان: وتحوز أنت منهما مالا يحوزه أمير في العالم.

ولي العهد: ما أطول هذا الليل. إني لا أبدل بحصاني شيئاً يمشي على الأربع. أنظر إليه يثب على الأرض تر أحشاء كأنها وبر كرة يتقاذفها اللاعبون. فرس طيار اشتعل منخراه ناراً فإذا امتطيته خلتني صقراً يحلق في الفضاء. عدوُه في الهواء فإذا وطىء الثرى غنت الأرض وطربت وجاءت بأنغام تزري بما وضعه رب آلات الطرب. لونه جوز الطيب وحرارته زنجبيل. والله إنه جدير ببيرسوس. الهواء والنار عنصرا كيانه، وأما عناصر الأرض والماء البليدة فلا يعرفها إلا عندما يقف لحظة ليعلوه الراكب.

هو الحصان. وما عداه من الخيل فمن الحيوان.

الـكـونيتابل:	حقاً يا مولاي إنه فرس كامل مبرز.

ولي العهد:	أمير الخيـل. إذا صهل سمعت الملك يـأمـر. وفي طلـعتـه مهابة.

أورليان:	كفى يا ابن العم.

ولي العهد:	لا. لا. بليد الفهم الرجل الذي لا يغدق المديح أشكالاً على فرسي من الفجر حتى المغرب. الحديث عنه يسيل كالبحر ولو استحال الرمل ألسنة بليغة لشغلها فرسي كلها. الملوك جديرون بالتحدث عنه، وملك الملوك أهل أن يمتطيه فيقف الناس يكفون عن أعمالهم معجبين به! وقد نظمت فيما مضى أغنية أشدو بها بذكره، بدأتها هكذا: «يا آية الكون».

أورليان:	سمعت هـذا الاستهلال في أغـنية نظـمهـا أحـدهم في خليلته.

ولي العهد:	إذن لقد أغاروا عل شِعري وسرقوا ما نظمته في فرسي. حصاني دون النساء خليلي.

أورليان:	خليلتك تقوم بحمل عبئها خير قيام.

ولي العهد:	تحملني أنـا وخير الحظايا من اقتصرت على حمل صاحبها.

الكونيتابل:	والله لقـد بلغني أن خليـلتـك هـزّت ظهـرك هـزاً عنيفـاً بالأمس.

ولي العهد: قد يكون ذلك شأن خليلتك.

الكونيتابل: ما كانت خليلتي ملجمة.

ولي العهد: ذلك لأنها عجوز سهلة القيـاد تمتطيها كأحـد الجنــود الإرلنديين بسراويلك الضيقة عــاطلاً من جوربك الإفرنسي.

الكونيتابل: ما أحذقك فارساً.

ولي العهد: خذها مني. إن الذين يؤثرون هذا الركوب على ركوب الحرب يقعون في موحلة. أما أنا فحصاني خليلتي.

الكونيتابل: أما أنا فآنف أن تكون خليلتي برذوناً.

ولي العهد: أما خليلتي أنا فترخي شعرها لا تستعيره.

الكونيتابل: لو كانت خليلتي خنزيرة لباهيت مباهاتك.

ولي العهد: «كلب قد عاد إلى قيئه وخنزيرة مغتسلة إلى مراغة الحمأة». وبيانك لا يضن بشيء يتشبه به.

الكونيتابل: ولكني لا أشبه حصاني بخليلتي، ولا أضرب الأمثال في غير مناسبة.

رامبور: أي سيدي الكونيتابل ما هذه الصور التي رأيتها على درعك هذه الليلة، أشموس هي أم نجوم؟

الكونيتابل: نجوم يا سيدي.

ولي العهد: احذر أن يسقط بعضها غداً.

الكونيتابل: مهما يسقط عنها يبقى عليها الكثير.

ولي العهد: يجوز. فأنت تحمل قسماً كبيراً منها كيفما يجيء وقسماً آخر
                جديراً بالنزع.

الكونيتابل: كما يحمل فرسك ثناءك فلو ترجل عنه ابتيارك ما نقص
                قدر خبِّه.

ولي العهد: ليتني أحمله ما هو به خليق. أما لهذا الصبح من
                طلوع. سأجري به غداً ميلاً وأرصف الطريق بالجثث
                الإنجليزية.

الكونيتابل: أما أنا فأرقب الصباح ولا أباهي بالسير على الجثث،
                واكتفي بمقارعتها بالسيف.

رامبور: من يراهنني على أخذ عشرين إنجليزياً أسيراً؟

الكونيتابل: راهن على نفسك أولاً.

ولي العهد: انتصف الليل. أنا ذاهب أتدرع.

                            (يخرج)

أورليان: يتمنى ولي العهد على الصباح أن يبدو.

رامبور: ويتمنى أن يأكل الإنجليز.

الكونيتابل: لا أراه قاتلاً واحداً منهم.

أورليان: قسماً بيد سيدتي البيضاء إنه لأمير همام.

الكونيتابل: أقسم بقدمها تقطع قسمك دوساً.

أورليان: إنه أنشط نبيل في فرنسا.

الكونيتابل: إن كان النشاط في الحركة فإنه لا ينفك يتحرك.

أورليان: ما سمعت أنه فعل سوءًا قط.

الكونيتابل: ولن يفعل سوءًا غداً بل يحتفظ بطيب سمعته.

أورليان: ولكنني أعرفه شجاعاً باسلاً.

الكونيتابل: أخبرني هذا الخبر رجل عرفه أحسن من معرفتك إياه.

أورليان: من الرجل؟

الكونيتابل: هو نفسه. والله هو قالها لي، وقال لي سيان عندي علم الناس الأمر أم جهلوه.

أورليان: فليست فضيلته هذه مخبوءة.

الكونيتابل: بل مخبوءة لا يعرفها إلا خادمه وهى لا تكاد تشتعل حتى تنطفئ.

أورليان: مصدر الكلام الطيب نية طيبة.

الكونيتابل: والرد على هذا: «إن في الصداقة تملقاً ومداهنة».

أورليان: وردي أنا: «أعط كل أحد حقه حتى الشيطان».

الكونيتابل: أحسنت. دعوت صاحبك شيطاناً، فدعني أسدد إلى قلب مثلك مثلاً كالسهم المارق: «وباء الشيطان...».

أورليان: أنت خير راوية للأمثال كالجاهل أسرع من الحكيم لساناً.

الكونيتابل: ولذا أسرعت فبعدت عن الهدف.

أورليان: ليست هذه أول معركة عدت منها خاسراً.

(يدخل رسول)

الرسول: مولاي الكونيتابل. لقد وصل الإنجليز إلى ما يقرب من خمسمائة خطوة من خيامكم.

الكونيتابل: من قاس الأرض.

الرسول: مولاي جراندبريه.

الكونيتابل: نبيل شجاع خبير. متى ينجلي هذا الليل بصبح. مسكين ملك إنجلترا لا أظنه يشتاق الصباح شوقنا.

أورليان: ما أغبى ملك الإنجليز هـذا. يقـرب منا مجـازفاً فلو عقل ما فعل.

الكونيتابل: لو عقلوا نكصوا على أعقابهم.

أورليان: هذا عيبهم فلو كان في رؤوسهم حكمة ما ألبسوها هذه الخوذ الثقيلة.

رامبور: هذه الجزيرة الإنجليزية تنجب شجعاناً ولم أر مثل كلابهم في الجرأة.

أورليان: كلاب حمقى تجري عمياء إلى حلق الدب، فتسحق رؤوسها. وصفك لها بالجرأة كوصفك الذبابة بالشجاعة إذا وقفت على لسان الأسد تأكل أكلها.

الكونيتابل: رجالهم مثل كلابهم خشونة وإقداماً، فهم يتركون عقولهم لنسائهم. أعطهم لحماً وحديداً وفولاذاً ترهم كالذئاب أ كلاً، وكالأبالسة حرباً.

أورليان: أما اللحم فنفد منهم الآن.

الـكونيتابل:	إذن ستراهم جياعاً يشتاقون الطعام ويأنفون القتال. هيا
بنا نذهب نتدرع.

أورليان:	قربت الساعة الثانية وعند الساعة العاشرة سيكون في
أسر كِلّ منا نحو مائة إنجليزي.
(يخرجون)

الفصل الرابع

المنظر الأول

المعسكر الإنجليزي في أجنكورت

(يدخل الملك هنري ودوق جلوستر ودوق بدفورد)

الملك هنري: إن صحَّ يا جلوستر أن الخطر المحدق بنا عظيم فجدير بنا
أن نقابله ببأس أعظم.

طاب يومك أيها الأخ بدفورد.

سبحانك اللهم فقد جعلت في جوهر الشرّ مادة من
الخير لو عرف الناس أن يستقطروها. ألا ترون إلى
جيراننا كيف يضطروننا إلى التبكير في النهوض فيوفرون
لنا أوقاتنا ويحسنون إلى عافيتنا فهم مثل ضمائرنا، إلا
أنها خافية وهم ظاهرون. يوقظوننا إلى اتخاذ عدتنا
ويعظوننا بالتدبر فنجني العسل من القصب، ونتخذ
إبليس مثالاً للتقوى.

(يدخل إربنجهام)

أهلا بالسير توماس إربنجهام. أما كان الفراش الوثير
أجدر بهذا الرأس الأبيض الجليل من صعيد فرنسا؟

إربنجهام: لا يا مولاي؛ هذا منزل ألفته وألفني فصرت أراه وثيراً فخماً كأنه قصر ملك.

الملك هنري: حسن أن يسرّ المرء بحاله إذ يقيسها بحال أسوأ منها فتطمئن النفس ويرتاح الفكر وينشط الجسد من عقاله نازعاً رداء الكسل، ناشطاً إلى الإقدام.

أعرني ممطرك يا سير توماس وانتما أخويّ بلغا سلامي الأمراء في المعسكر وقولا لهم يأتوا إلى مضربي غداً.

جلوستر: أمرك يا مولاي.

إربنجهام: أألبقى في خدمة مولاي؟

الملك هنري: لا أيها النبيل؛ اذهب مع أخوي إلى أشراف إنجلترا فأني أودّ أن أخلو بنفسي.

إربنجهام: باركك الله من السماء أيها الملك النبيل.

(يخرجون ويبقى الملك وحده)

الملك هنري: لك الرحمة أيها القلب المتعب. أراك تظهر الاغتباط.

(يدخل بستول)

بستول: من القادم؟

الملك هنري: صديق.

بستول: قل لي أضابط أنت أم جندي عادي؟

الملك هنري: أنا ضابط صغير.

بستول: أمن المشاة؟

الملك هنري: نعم. وأنت؛ من أنت؟

بستول: نبيل لا يفوقه الإمبراطور نبلاً!

الملك هنري: أنت إذن خير من الملك؟

بستول: الملك؟ إن الملك ديك جميل ذو قلب من ذهب أصوله كريمة وذراعه قوية باسلة. إني أقبل حذاءه القذر وأحبه مهذاراً طريفاً من كل جوانحي. ما اسمك؟

الملك هنري: هاري له روا.

بستول: له روا. اسم كورنوولي. لعلك من أهل كورنوول؟

الملك هنري: لا أنا من ويلس[1]

بستول: أتعرف فلوالن؟

الملك هنري: أعرفه.

بستول: قل له. إني إذا لقيته يوم عيد القديس داود فسأنزع كراته عن قبعته وأحطم رأسه بها.[2]

الملك هنري: احذر أن تضع سيفك في قبعتك ذلك اليوم مخافة أن يحطمه على رأسك.

بستول: أوليٌّ له أنت؟

الملك هنري: وأمتُّ له بنسب.

---

(1) ولد الملك هنري في بلاد ويلس ودعى أمير ويلس.

(2) الكرات زهرة أهل ويلس الوطنية كالوردة عند الإنجليز والحسك عند الإسكوتلنديين والتفل عند الإرلنديين. وكانوا يزينون بها قبعاتهم يوم عيد حامي حماهم القديس داود.

بستول: بناء عليه. «الته».

الملك هنري: شكراً. كان الله بعونك.

بستول: إسمي بستول (يخرج).

الملك هنري: ما أجدر الاسم بالمسمى (يدخل فلوالن وجوار).

جوار: فلوالن!

فلوالن: اخفض صوتك. باسم يسوع المسيح اخفض صوتك. فمن العار ما بعده عار أن تضرب بقواعد فن الحرب وأصولها عرض الحائط.

قسماً لو دققت وأنعمت النظر في سيرة حروب بومبايوس ما وجدت لتأوعجناً وأصواتاً منكرة في جنده. بل وجدت أصول الحرب مرعية بالاهتمام وبالنظام وبالاعتدال وبالاحتشام.

جوار: ألا تسمع رغاء العدو كل الليل؟

فلوالن: بالله عليك. أإن كان العدو حماراً ومغفلاً ومهذاراً وجب علينا أن نحذو حذوه؟

جوار: خفضت صوتي.

فلوالن: أرجوك. أرجو ذلك منك (يخرجان).

الملك هنري: إن في هـذا الـويـلسي عنصراً طيباً من العـزم لا يحسن إظهاره.

(يدخل ثلاثة جنود، بيتس وكورت وويليامس)

كورت: أنظر يا أخي بيتس؛ ألا ترى الصبح يلوح في الافق هناك؟

بيتس: ومالنا وللصبح نود مجيئه؟

ويليامس: إننـا نرى أول النهـار الآن، ولكننـا قـد لا نرى آخره. من القادم؟

الملك هنري: صديق.

ويليامس: تحت أي أمير أنت؟

الملك هنري: السير توماس إربنجهام.

ويليامس: قائد مجرب ونبيل حكيم. ما رأيه في أمرنا؟

الملك هنري: كرأي قــوم قــذفهـم اليـم إلى الرمل فباتوا يتربصون بمدٍّ يحتويهم.

بيتس: وهل أبدى رأيه هذا للملك؟

الملك هنري: لا. ولا يجدر به أن يفعل. أبقوا الكلام بيننا. أليس الملك رجلاً مثلي؟ كلانا يشمَّ البنفسج شمّاً سوياً، وكلانا يحتويه الهواء والسماء، وحواسه مثل حواس بني آدم الآخر. جرّده من أبّهة الملك تره رجلاً عادياً.

صحيـح أن ميوله تعلو فوق ما نطمح من إليه، ولكنها إذا انحدرت تنحدر ممتطية جناحاً مثل أجنحتنا، فكان حتماً إن هو أوجس خيفة أن يكون خوفه كخوفنا، ولكننا يخلق بنا أن نخفي قلقنا عنه حتى لا يظهر هو قلقه فتهلع قلوب الجند.

بيتس: قد يتظاهر الملك بالشجاعة ولكنني أخاله يتمنى أن يكون الآن على ضفاف التيمس رغم برده، ولا لوم عليه ولا تثريب فأنا أتمنى له هذا وأتمنى إذ ذاك أن أكون في ركابه.

الملك هنري: أما أنا فأظن الملك لا يؤثر مكاناً على مكان هو فيه الآن.

بيتس: إذن ليته يبقى هنا وحده ويفدي نفسه فينجو بذلك قوم كثيرون.

الملك هنري: ليس تمنّيك بقاءه هنا وحده بضاره، ولستُ أرى في امنيتك كرهاً له، بل كلمة ألقيتها عساك أن تعلم ما في قرارة نفوس الآخرين. أما أنا فلن أموت ميتة أشرف من ميتة إلى جانبه فإنه على حق في حربه ودعواه صحيحة.

ويليامس: هذا أكثر مما نعلم.

بيتس: بل أكثر مما نطلب فحسبنا أن نكون جنود الملك المطيعين حتى تمحو طاعتنا ذنوبنا.

ويليامس: أما إن كانت الحرب التي أضرمها الملك في غير سبيل الحق فسيكون حسابه عليها عسيراً عندما نجتمع في اليوم الآخر. تلك الأرجل والأيدي والرؤوس التي بعثرتها الوقائع وتصيح قائلة إننا أردنا في تلك الساحة من ساحات القتال فترى بعضها يجدف وبعضها يستنجد الأساة وبعضها ينادي زوجات له تركهن مدقعات وبعضها صغاراً تيتموا، وبعضها يذكر ديوناً لم تودَّ.

بئسها ميتة الموت في ساحة القتال! فإنه يفقد المرء صوابه ويغلي الدم في رأسه فلا يعي أن يوصي، والذنب في ذلك ذنب الملك، فهو قاد هؤلاء الناس إلى مثلها ميتة فهم لا يملكون أمرهم ولا يستطيعون أن يعصوه.

الملك هنري: في مذهبك أنه إذا أرسل أب أبناً له في تجارة عبر البحار ومات الابن مثقلاً بخطاياه فالذنب ذنب الأب. وإذا بعث سيد بخادم له يحمل مالاً فأحدق به لصوص قتلوه قبل أن يستغفر لخطاياه فالذنب ذنب السيد؟

لا. ليس هذا بصحيح. فليس الملك مسؤولاً عن آخرة جنوده ولا الأب عن ابنه ولا السيد عن عبده. ذلك أنهم لم يقصدوا إلى موتهم عندما استعملوهم. فالحرب مهما شرف غرضها لا تكون وقفاً على جنود صالحين.

فبعض الجند المحارب يحمل وزر قاتل متعمد، وبعضهم خدّاع للعذارى حانث باليمين، وبعضهم يحتمي بالجيش بعد أن أدمى صدر الإنسانية سلباً ونهباً. فهؤلاء الذين عبثوا بالشريعة وفرّوا من القصاص الحق يكيله لهم الناس لا يستطيعون أن ينجوا من عقاب الله.

فالحرب عاملُ الله على الناس وعدته للنقمة، فكان جزاؤهم على عصيان الملك في السلم أن يموتوا في الحرب. فحيث خافوا موتاً يستحقونه نجوا بأنفسهم وحيث أملوا النجاة لحقهم الموت. فليس العبء بواقع

على الملك إذا ماتوا مثقلين بذنوبهم غير تائبين، كما أن اللوم غير لاحق به عندما كانوا يعيثون في الأرض مفسدين.

إن طاعة الملك ذمة في رقبة الرعية؛ وأما نفس الرعية فلصاحبها. فعلى الجندي في الحرب أن يعمل ما يعمله المريض على فراشه ينقي من القذى ضميره، فإن مات رحم وإن عاش مُدَّ له في حبل الاستغفار لذنبه من ربه ويعلِّم غيره كيف يتوبون.

ويليامس:	صحيح. إذا مات رجل مجرماً فليس على الملك جرمه.

بيتس:	أما أنا فلا ألقي تبعة ذنوبي على الملك، وسأحارب معه بقوة.

الملك هنري:	أنا نفسي سمعت الملك يقول إنه يأبى أن يُفك إساره إن أسر.

ويليامس:	قالها ليجعلنا نقاتل بقلوب مرحة. أما بعد أن تحزَّ رقابنا فإنه لا شك يقبل الفكاك ونكون نحن الخاسرين الجاهلين.

الملك هنري:	إن عشت بعدها فلن أؤمن له أبداً.

ويليامس:	يعني تجازيه. إنه تهديد يشبه طلقاً من بندقية لعب. أمثلك يمنع الملك رضاه؟

ما بالك لا تذهب إلى الشمس تحولها إلى جليد بهواء ريشة طاووس. «لن أؤمن له أبداً»!! والله إنه كلام مجانين.

الملك هنري: إن في تعنيفك شيئاً من القحة ولولا أننا في حرب لأغضبتك.

ويليامس: فلندع الأمر نصرفه فيما بيننا بعد إن عشنا.[1]

الملك هنري: قبلت.

ويليامس: وكيف أعرفك عند ذاك؟

الملك هنري: أعطني علامة منك أضعها في قبعتي، فإذا جسرت أن تأتي في طلبها عرفتك فنتبارز.

ويليامس: هذا قفازي. أعطني قفازك.

الملك هنري: هاكه.

ويليامس: سأضعه في قبعتي، فإذا ساقك القدر وجئتني مطالباً به أعطيتك بدلاً منه لطمة على أذنك.

الملك هنري: إن عشت ورأيته فإني أطلبه.

ويليامس: إنك على الذهاب إلى المشنقة أجرأ منك على طلبه مني.

الملك هنري: والله سآخذه ولو وجدتك في حاشية الملك.

ويليامس: زن كلامك. الوداع.

بيتس: لا تتخاصما أيها الإنجليزيان المجنونان، خصام الإفرنسيين أولى.

الملك هنري: سيراهن الإفرنسيون عشرين تاجا[2] إلى واحد إنهم

ظافرون بنا. فإذا وضعوا تيجانهم عل رؤوسهم لا نرتكب نحن جريمة إنجليزية إن زيفنا التيجان الإفرنسية. وسترون الملك غداً أكبر المزيفين.

(يخرج الجميع إلا الملك يبقى وحده)

على الملك! كل شيء على الملك! لنلق بأرواحنا وأجسامنا وديوننا على الملك! لنحمّله عبء نسائنا وأولادنا ووزر خطايانا.

علينا أن نحمل كل هذا صابرين!

إيه أيتها العظمة! وإيه أيتها التبعة! إنكما لتوأمان وضعتكما أمكما تكأة معرّضة لنقد الجهال لا يرون إلا مصائبهم ويعمون عن أحزان الآخرين.

مساكين الملوك! إنهم يشقون حيث تنعم العامة. فهل اختصوا بشيء ليس متاعاً مباحاً للناس أجمعين؟ اللهم إلا ظواهر التبجيل وأبهة الإكرام.

وما أنت أيتها الظواهر الخلابة المعبودة؟ يا لك من معبود يشقى أكثر من العابدين! حدثني عن جوهرك أيها التبجيل، وأنت يا ظواهر الإكرام: ما هي حقيقتك؟ ماذا تكسبين؟ أين دخلك؟ أشيء آخر أنت غير شكل ورتبة ومقام يولد الخوف والذعر في قلوب الناس، ثم تعودين بالإخافة أتعس حالاً من الخائفين. أليس شرابك سمّ التملق والمداهنة بديلاً من الإخلاص؟

إمرضي أيتها العظمة وخلِّ ظواهر التبجيل تأتيك بالدواء عسى فخامة اللقب تطرد الحمى! وعسى انحناء الركب والخضوع يشفيها! فقد تستطيعين أن تأمري الفقير يسجد إلى أقدامك بجمجمته ولكنك لا تستطيعين أن تغتصبيه عافيته.

يا لك من حلم جبار يقلق الملوك. هأنذا ملك قد عرفتك.

أرأيت إلى المسوح المعطرة وإلى الكرة والصولجان وإلى التاج الملكي وإلى الرداء المطرز بالذهب واللؤلؤ. أرأيت إلى الفارس يعدو أمام مركبة الملك منادياً بأسمائه. أرأيت إلى العرش وقد استوى عليه. أرأيت إلى بحر العظمة وقد طغى مدّه على شواطئ هذا العالم. أرأيت كل هذه أيتها الأبهة المثلثة التبجيل؟ إنها كلها إذ تدخل السرير الملكي المذهّب لا تستطيع أن تنام نومة ينامها عبد حقير. فهذا ينام ملء جفنيه متعب الجسد خالي البال شبعان خبزاً ناله بعرق جبينه. إنه شيطان لا يأرق ولا تزعجه الأحلام. بل يعمل من مطلع الفجر حتى هبوط الليل ويكدّ تحت أشعة الشمس المحرقة لينام ليله في نعيم. وهكذا تمر به الأيام مجزياً بعمله، يتبع الشمس في رحلاتها اليومية إلى أن يجيء أجله.

ألا ينعم هذا الشقي العامل في النهار النائم في الليل أكثر من الملك مجرداً عن أبهته؟ إنه يرتع في بحبوحة السلام

جاهلاً ما بذله الملك في سبيل هذا السلام.

(يدخل إربنجهام)

إربنجهام: مولاي. لقد جزع الأمراء لغيابك فأخذوا يبحثون عنك.

الملك هنري: ربي إله الحرب شدّد قلب الجند وأبعد الخوف عنهم وانزع من أفهامهم علم عدد العدو لا يجزعوا. ربي لا تجازني اليوم على ما اقترفه أبي إذ استأثر بالتاج.

ربي إني نبشت جثة ريتشارد ودفنتها بإكرام وذرفت عليها دمعاً لا يقاس به دم تدفق منه يوم قتله.

ربي إني أنفق على خمسمائة فقير في كل عام ليرفعوا أيديهم إليك مرتين في اليوم ضارعين يستغفرونك للدم المسفوك وشيّدت مسجدين يقوم فيهما الـكهنة مصلين أبداً على روح ريتشارد وإني لفاعل أكثر عما قليل.[1]

ولـكن ما قيمة أعمالي ما دامت توبتي تأتي بعد الخطيئة تطلب الغفران.

(يدخل جلوستر)

جلوستر: مولاي.

الملك هنري: صوت أخي جلوستر، عرفت غرضك ها أنا آت معك. ألا ليت اليوم والأمراء وكل الأشياء تصير اليوم لي.

(يخرجون)

____

(1) كان هنري الرابع أبو هنري الخامس قد قتل ريتشارد الثالث ملك إنجلترا واستولى على العرش.

المنظر الثاني

المعسكر الإفرنسي

يدخل ولي العهد والأمراء أورليان ورامبور وآخرون

أورليان: انهضوا أيها السادة فقد نهضت الشمس وألبست دروعنا حللاً من الذهب.

ولي العهد: امتطوا خيولكم. إلي بفرسي يا فتى.

أورليان: بطل شجاع.

ولي العهد: إنهب اليابسة والماء ركضاً.

أورليان: والهواء والنار.

ولي العهد: والسماء أيضاً.

(يدخل الكونيتابل)

ما الخبر؟

الكونيتابل: خيلنا تصهل مشتاقة إلى القتال.

ولي العهد: اعتلوا ظهورها واهمزوا جلودها ينفر دمها الحامي إلى عيون هؤلاء الإنجليز يطفئها وينزع البقية التافهة من إقدامهم.

رامبور: أتريد أن تراهم يبكون بدماء خيلنا. إذن كيف يتسنى لنا أن نشهد دموعهم؟

(يدخل رسول)

الرسول: لقد بدأ الإنجليز القتال يا أمراء فرنسا.

الكونيتابل: إلى خيولكم أيها الأمراء البواسل إلى خيولكم. وليست مهمتكم بصعبة المنال فما عليكم إلا أن تظهروا أمام هذه الفئة الجائعة البائسة حتى تفرّ أرواحهم جزعاً تاركة أجسادهم الهزيلة في زي رجال محاربين.

فليس علينا من الأمر ما يشغل كل قوتنا، وليس في أعصابهم المحرضة دم يلطخ سيفاً من سيوفنا بنقطة دم واحـدة. ولا يبقى لشجعاننا إلا أن يستلـوا سيوفهم ثم يغمـدوهـا شاكية الملل. إن ننفـخ عليهم تطيرهم ريـح بأسنا.

لا شك أيها السادة أن في خدمنا وفي هذا الجمهور من الزراع اللاحقين بالجيش لقدراً يكفينا هذا العدو الذليل ونظل نحن رجال الطعن والجلاد وقوفاً متفرجين. ولكن شرفنا يوجب علينا القتال. وما هو هذا القتال؟ أمر تافه وعمل صغير فإذا بالأمر مقضي. فانفخوا في الأبواق نركب ونقتحم الميدان هجوماً يجزع الإنجليز ويحنوا الركب خاضعين.

(يدخل جراندبريه)

جراندبريه: مالكم تتقاعسون يا أمراء فرنسا. أن الرمم الإنجليزية التي أبت عليها جزرها الدفن جاءتنا تنجس نسيم

الصباح وتعفن في ميدان القتال.

ها هم نشروا راياتهم الممزقة فاستهزأت بهم ريحنا وهزتها احتقاراً وأنف إله الحرب أن يظهر في جموعهم البالية من وراء خوذهم الصدئة. أنظروا إلى فرسانهم كأنهم عصيّ من شمع تحمل المشاعيل على ظهور خيل خفضت رؤوسها وأرخت مفاصلها وهدلت جلودها وتساقط العمش من عيونها الصفراء فعجزت عن أن تعض ألجمتها فجمدت على الحشيش لا تتحرك. وحلقت الغربان والرخم فوق رؤوسهم تتربص بهم النوائب.

إني لأعجز عن وصف هذه المعركة المقبلة فكأنها فارقتها الحياة فلا أجد لها معنى.

الـكونيتابل: لقد صلوا وأصبحوا يترقبون الموت.

ولي العهد: مـا قولكـم في أن نطعمهـم ونكسـوهم ونسربـل خيلهم ثـم ننازلهـم؟

الكونيتابل: طال انتظاري حاملَ رايتي. هلم إلى الميدان. سأنزع راية من أحد الموقين أستعملها على عجل. هلم بنا. تعالوا فقد ارتفعت الشمس في الأفق وكدنا نقتل النهار.

(يخرجون)

90

المنظر الثالث

المعسكر الإنجليزي

(يدخل اللوردات جلوستر وبدفورد وإكستر وارينجتون وسالسبوري
ووستمورلند)

جلوستر: أين الملك؟

بدفورد: خرج يتفقد ميدان القتال.

وستمورلند: إن في صفوف العدو ستة آلاف مقاتل.

إكستر: خمسة لواحد وكلهم مجهّز تامّ العدة.

سالسبوري: الله في عونكم أيها الأمراء ويده تضرب معكم فالمأزق حرج. أما أنا فباذل وسعي فإن قدر ألا نلتقي بعد اليوم إلا في السماء، فأودعكم وداعاً جميلاً.

بدفورد: وداعاً سالسبوري أسعد الله حظك.

إكستر: وداعاً أيها اللورد الظريف. اضرب اليوم بقوة. ومالي أذنب فأوصيك بالبأس وهو من خلقك.

(خرج سالسبوريّ)

بدفورد: إنه أمير في النبل إمارته في البأس

(يدخل الملك)

وستمورلند: ليت لنا اليوم بضعة آلاف من الرجال المتعطلين المتخلفين

في إنجلترا.

الملك هنري: لمن هذه الأمنية؟ أأنت قائلها يا وستمورلند؟ أعيذك بالله منها. لا. لا يا ابن العم فإنه إن كتب لنا الموت كانت خسارة بلادنا فينا كافية، وأما إن سلمنا فيكون جزاؤنا شرفاً يزداد بقلة عددنا. بالله لا تسألن رجلاً واحداً ينضم إلينا فما قدّر الله يكون.

لستُ أنا بالطامع في ذهب وفضة ولا أعبأ بما أنفق ولا أبالي بغيري يشاركني في ردائي، فأني فطرت أن ألقى الظواهر الخارجية غير مكترث. أما إذا كان طلب المجد خطيئة فأنا شرّ الأحياء مكاناً.

لا. لا. يا ابن عمي. لا تتمنَّ نجدة من إنجلترا، فإن القادم سيأخذ مني ويشاركني في غنيمة الفخر. لا. لا تطلب المزيد. بل اذهب وناد باسمي في الجند وقل من أَنِس في نفسه ميلاً عن هذه الحرب فليرحل. إننا نُسهّل عليه تخلّفه ونملأ كيسه مالاً. ليعد وينأى، فإننا نأنف أن نموت في صحبة رجل يفر من الموت معنا.

نعيّد اليوم عيد القديس كريسبيان، فمن سلم منا وعاد إلى وطنه يعظم قدره ويتطاول فخراً كلما عاد العيد وكلما ذكر اسم كريسبيان، إن من يسلم وتمعن أيامه في الشيخوخة يعيّد كل سنة ويأدِب لجيرانه ليلة العيد، ويقول غداً يوم كريسبيان. يشمّر عن ساعده وتظهر آثار جروحه فيقول

هذه جروح حزتها يوم كريسبيان. وقد تنسيه الشيخوخة ذكريات كثيرة. أما ذكرى يوم كريسبيان وما فعل فيه فتبقى لا تمحوها الأيام. وتبقى معها أسماؤنا مقرونة بها يتداولها الناس ويشربون نخب الملك هنري وبدفورد وإكستر وواريك وتالبوت وسالسبوري وجلوستر ويحفظ قصتنا الابن عن أبيه، فلا يجيء يوم كريسبيان إلا كانت لنا فيه أطيب الذكريات لنا نحن الفئة القليلة، الفئة السعيدة، فئة الأخوان. فإن من يسفك اليوم دمه معي يكن أخاً لي ويرفع اليوم حسبه وما كان وضيعاً منه.

وأما إخواننا الناعمون بإنجلترا الآن فتنالهم الحسرة ويندمون ويقولون ليتنا اتخذنا معهم يوم القديس كريسبيان سبيلاً.

(يرجع سالسبوري)

سالسبوري   مولاي. بدأ الفرنسيس المعركة وأخذوا يهجمون بقوة مسرعين، فليصر كل منا إلى مكانه.

الملك هنري: وعلى قدر أهل العزم تأتي العزائم.

وستمورلند: لقد خاب سعي من ليس قلبه معنا.

الملك هنري: ألا تزال تتمنى نجدة من إنجلترا؟

وستمولند: إن شاء الله يا مولاي غنمنا المعركة أنت وأنا وحدنا.

(صوت طبل، يدخل مونتجوا رسول ملك فرنسا)

مونتجوا: أتيت اليك مرة أخرى أيها الملك هنري أستطلعك رأيك في فداء نفسك قبل أن تدور عليك الدائرة وتغرق في الحمأة، فقد أخذت الرحمة قائد جيوشنا الكونيتابل فأمرني أن أدعوك وصحبك إلى التوبة فترجعوا عن ميدان يقرح أجسادكم ويبليها.

الملك هنري: من أرسلك؟

مونتجوا: كونيتابل فرنسا.

الملك هنري: أعد عليهم جوابي الأول. قل لهم يأسروني ويبيعوا عظامي. ما لهؤلاء الناس يهزأون بعباد الله ألم يأتهم حديث الرجل الذي باع جلد الأسد قبل أن يصطاده، وكيف لقي حتفه في صيده.

المجاهد منا رجل من اثنين؛ من سلم وعاش وعدّت له موتة يموتها في وطنه خالدة أعماله التي عملها اليوم نقشاً على قبره. ومن مات في أرضكم مات شجاعاً فإنه إن يدفن في مزابلكم تحيي الشمس عظامه وتبخر مجدها إلى السماء تاركة بقية جثته جيفة تفسد هواءكم وتسلط الطاعون على بلدكم، فيكون شأنه شأن قنبلة انفجرت مرتين فأودت بكم في مماتها فتكها في حياتها.

ليس في الوقت متسع للتواضع فإنه إن جاز لسيدك أن يتباهى في رسالته تباهيت أنا أيضاً في جوابي. نحن رجال طعن وجلاد لا قوم زينة وجر ذيول، فدروعنا الزاهية

المذهبة قد صدئت مما تعانيه تحت وابل المطر في الميدان وأبلى الزمن جدتنا فلن تجد ريشة واحدة على خوذنا فلا نطير فراراً. وإنك سوف تلقى جنودي بهندام أنيق فقد اقسموا لينزعن ثياب جنودكم ويستبدلن لابسها، فإذا فعلوا توفر لي ما أؤديه من فدية. خفض عنك أيها الرسول لا تطلب الفداء فلست بفادٍ نفسي بمال وليس لي إلا جسدي أبذله فداء، فإن اخذتموه فزتم بشيء مزقه القتال تمزيقاً.

ارجع إلى سيدك.

مونتجوا: سأرجع ولن تراني قادماً إليك رسولاً بعد الآن.

الملك هنري: أخاف عليك أن تأتي مرة ثانية في طلب الفداء.

(يدخل يورك)

يورك: أجثو لديك يا مولاي ملتمساً قيادة مقدم الجيش.

الملك هنري: خذها يا يورك الباسل. هلم بنا أيها الجنود وعلى الله تصريف الأمور.

(يخرجون)

المنظر الرابع

ناحية من نواحي الميدان

(يدخل بستول وجندي إفرنسي وغلام)

بستول: سلم يا كلب. سلم.

الجندي الإفرنسي: أراك نبيلاً ذا أصل كريم de bonne qualité

بستول: Cality–quality. أوضح ما تقول. أمن النبلاء أنت؟ ما اسمك. أفصح.

الجندي: O Seigneur Dieu

بستول: سنيور ديو اسم نبيل. أفصح عما تقول يا سنيور ديو، واعلم يا سنيور ديو أنك تموت موتاً إن لم تؤد الجزية باهظة.

الجندي: Ayez pitiée de moi. كن رحيماً.

بستول: موا[1] لا تنفع. لا بد لي من شيء كثير منها وإلا نزعت أمعاءك من زورك دماً قانياً.

الجندي: أليس من سبيل أنجو فيه من بأسك et de la force de ton bras

بستول: <u>براس[2] يا كلب. أتعطيني نحاساً يا شاة ملعونة قذرة.</u>

---

(1) يظن بستول أن موا ضرباً من العملة moi.

(2) يأخذها بمعنى brass أي نحاس.

96

الجندي: ‏O pardonnez-moi

بستول: ماذا تقول؟ أتعطيني قنطاراً موا. تعال يا غلام اسأل هذا العبد بالإفرنسية عن اسمه.

الغلام: ما اسمك؟

الجندي: ‏Monsieur le Fer

الغلام: يقول اسمه مستر فير.

بستول: مستر فير والله سافأره وأفردسه وأفريه فرياً. ترجم له ما أقول.

الغلام: لا أعرف الإفرنسية في فأر وفردس وفري.

بستول: قل له تأهب فسأحزّ رقبته.

الجندي: ماذا يقول؟

الغلام: أمرني أن أقول لك تتأهب فإنه سيقطع رقبتك الآن.

بستول: نعم أحزّ رقبتك إن لم تؤد نضاراً تيجاناً[1] مكرمة.

الجندي: بالله عليك ارحمني إني رجل من أسرة شريفة. أعطيك مائتين من الفضة إن أبقيت على حياتي.

بستول: (للغلام) قل له لقد هدأت ثائرة غضي وقبلت المال.

الجندي: (للغلام) ماذا يقول أيها الشاب؟

الغلام: إنه ليس في مذهبه أن يعفو عن الأسارى، ولكنه قبل فداءك نفسك منه بما وعدت من مال.

____

(1) التاج ضرب من العملة.

الجندي: أجثو على ركبتي أقدم الشكر ألفاً. فمن حسن طالعي أني وقعت في يد رجل نبيل شجاع باسل شريف.

بستول: ترجم يا غلام.

الغلام: إنه يعد نفسه سعيداً إذ لقي رجلاً نبيلاً شريفاً مثلك.

بستول: سأرحمه وحق الدم الذي اعتدت شربه. اتبعني.

الغلام: اتبع القائد العظيم.

(يخرج بستول والجندي)

الغلام: ما سمعت في حياتي صوتاً أعلى من صوته يخرج من قلب أجوف من قلبه، فصحَّ القول إن الطبل الفارغ بعيد الصوت. أما باردولف ونيم فقد شنقا وكانا أشجع من هذا وستكون المشنقة جزاءه هو أيضاً إن جرؤ على السرقة علناً. أما أنا فمكاني مع الخدم أحرس عدة الجيش. يا لها من غنيمة باردة للفرنسيين لو علموا أن ليس على حراستها إلا الغلمان.

(يخرج)

المنظر الخامس

ناحية أخرى من الميدان

يدخل الكونيتابل وأورليان وبوربون وولي العهد ورامبور

الكونيتابل: يا للشيطان الرجيم.

أورليان: يا لله. لقد خسرنا المعركة وخسرنا كلّ شيء.

ولي العهد: يا لموتي لقد اختلطت الأمور واضطربت، ولبسنا العار حلية في خوذنا. يا لبؤس اليوم من بؤس (صوت أبواق) قفوا لا تفروا.

الكونيتابل: تضعضعت قواتنا.

ولي العهد: يا له من عار لا يمحى. حقّ علينا العار. أهذا هو النفر الذي هزأنا به!

أورليان: أهذا هو الملك الذي أرسلنا إليه نستفديه نفسه!

بوربون: عار. عار أبدي. ولا شيء إلا العار. لنمت شجعاناً. كرّوا مرة أخرى، ومن يأبَ نصرتي فليرجع ويقف على باب داره يرَ عبد السوء يفحش بابنته.

الكونيتابل: اجمعوا جموعكم تقتحم جيشهم عسى الحال الذي دبّ فينا فأضاعنا يعوضنا عما فات موتاً كريماً.

أورليان: إن البقية الباقية منا لجديرة أن تكتم أنفاس هؤلاء

الإنجليز لو أحسنتم تنظيم صفوفكم.

بوربون: سحقا لهذا النظام. أنا ذاهب أقاتل وعسى أن يكون أجل الحياة قصيراً، وإلا كان البقاء عاراً كبيراً.

(يخرجون)

المنظر السادس

ناحية أخرى من الميدان. صوت أبواق

يدخل الملك هنري وجنده بصحبه إكستر وآخرون

الملك هنري: لقـد أحسـنا اليوم ما بدأنـا فيه أيها الأخـوان الأبطال ولم يبقَ إلا أن نتـمّ البدايـة. فـإني أرى الفرنسـيين لا يزالون في الميدان.

إكستر: بعث الدوق يورك لجلالتكم بأذكى تحياته.

الملك هنري: أحيٌّ هو، فقد رأيته يسقط إلى الأرض ثلاثاً وينهض ثلاثاً يضرب مخضباً بالدم من رأسه إلى أخمص قدميه؟

إكستر: وهكذا سقط يروى الأرض بدمه. وإلى جانبه لورد صفولك شريكه في جروح الفخر والشرف. فقد كان لورد صفولك قد وقع ميتاً ودماؤه تغطي وجهه، فجاءه يورك وسقط عليه يقبله ويمسح دماءه بدموعه، ويذكر أيام كانا يقاتلان معاً في ساحات المجد والفروسية، ويرجو أن يموت توّ الساعة إلى جانبه، كما عاش في حياته إلى جانبه فأتيته في هذه الأثناء معزياً آملاً أن أخفف عنه، فنظر إلي باسماً وقال: «اذهب فأقرىء عني السلام والإكرام لمليكي»، ثم وقع على خدنه يقبله، خاتماً حياته باختتام حياة صديقه. وقد والله أثار هذا المشهد شجوني

وأسال دموعاً كنت أحبسها ففارقتني رجولتي، وتسربت الأنوثة إلى عيني وأسلمتني إلى البكاء.

الملك هنري: لا تثريب عليك، فهأنذا أراود عيني عن الدمع مخافة أن تسيل (صوت نفير الحذر). أسمع هذا نفير الحذر. لقد أمدَّ الإفرنسيون جنودهم برجال. ليأتِ كل جندي منا على الأسارى الذين في يده. أبلغ الملأ الأمر.

(يخرجون)

<h1 style="text-align:center">المنظر السابع</h1>

<h2 style="text-align:center">ناحية أخرى من الميدان</h2>

يدخل فلوالن وجوار

فلوالن: قتلوا الغلمان ونهبوا الأموال، إنه شيء فري يتنافى مع أدب القتال أليس كذلك؟ قل بذمتك!

جوار: لم يبق غلام على قيد الحياة. واللذين ارتكبوا هذا الجرم هم هم الأوغاد الذين ولوا أدبارهم القتال يوم الطعان، ثم زادوا بأن نهبوا وأحرقوا كل ما في مضارب الملك فحقّ له أن يغضب ويأمر الجند بقتل أسراهم. يا له من ملك همام.

فلوالن: ولا بدع فقد ولد في مموث. قل لي ما اسم المدينة التي ولد فيها إسكندر الكبير.

جوار: إسكندر العظيم.

فلوالن: أليس الكبير مثل العظيم، والقوي والضخم والفخم... أليست كلها معنى واحداً لألفاظ مختلفة؟

جوار: أظن الإسكندر العظيم ولد في مكدونية وكان أبوه يدعى فيليب المكدوني على ما أعلم.

فلوالن: نعم. أظنه ولد في مكدونية. فإذا ما نظرت إلى خريطة

العالم يا رئيس الماثلة لوجدت شبهاً عجيباً بين مكدونية
ومموث. فهناك في مكدونية نهر يجري، وترى نهراً
مثله يمر في مموث واسمه واي، وقد نسيت اسم النهر
المكدوني، ولكنهما متشابهان شبه أصابع اليد الواحدة،
والسمك يعيش فيهما كليهما. إذا دققت النظر في حياة
الإسكندر بدا لك هنري الماموثي مقتفياً خطواته حذوك
النعل بالنعل.

الأشياء متشابهة. فالإسكندر– والله أعلم وأنت تعلم–
قتل صديقاً له اسمه كلايتوس في ساعة من ساعات
غضبه واستيائه واشمئزازه وسريان الخمر في رأسه.

جوار: أما ملكنا فليس مثله في هذا، فهو لم يفتك بصديق له قط.

فلوالن: لا يليق بك أن تقاطعني قبل أن آتي بالحديث إلى نهايته.
كنت أتكلم عن المشابهة. فكما أن الإسكندر قتل صديقه
كلايتوس في ساعة سكره، هكذا فعل هنري الماموثي،
فإنه في ساعة صحوه واكتمال عقله أبعد عنه ذلك الفارس
السمين ذا الكرش المزدوجة رغم مرحه وحبه للتنكيت
والمهاترة. ما اسمه؟ فقد نسيت اسمه.

جوار: السير جون فولستاف.

فلوالن: هذا هو. ألم أقل لك إن الرجال الأبرار يولدون في مموث.

جوار: هوذا الملك قادم.

(يدخل الملك هنري في قسم من القوات الإنجليزية ومعه واريك

وجلوستر وإكستر وآخرون)

الملك هنري: ما غضبت منذ وطئت قدماي فرنسا غضبي اليوم. خذ بوقك يا فتى واركب إلى أولئك الفرسان على الأكمة وقل لهم أن ينزلوا إلى ملاقاتنا إن استطاعوا إلى ذلك سبيلاً، أو يخلوا الميدان فإن منظرهم قبيح في أعيننا، فإن أبوا أتيناهم وقذفنا بهم بأسرع ما يقذف الأشوري حجره من مقلاعه، ثم عدنا إلى أسراهم نحزّ في رقابهم. اذهب بلغهم الأمر.

(يدخل مونتجوا)

إكستر: هو ذا رسول الإفرنسيين قادم.

جلوستر: أراه متصعلكاً هذه المرة.

الملك هنري: ما للرسول وماذا يطلب، ألم أقل لك إني ليس لي إلا عظامي أفتدي بها نفسي. أفي طلب الفدية أتيت؟

مونتجوا: كلا أيها الملك العظيم، فقد أتيت طالباً رحمة، وإذناً لنذهب إلى ساحة القتال نفتش عن قتلانا نميز الشريف من الوضيع وندفنهم، فقد فقدنا عدداً كبيراً من أمرائنا واختلط دمهم بدم مرتزقة المقاتلين، فبتنا نخشى السوقة تأتي تخوض بأرجلها الخشنة في الدم الملكي وتعقب خيلها فتدوس حوافرها رؤوساً كريمة فتذيقها الموت مرتين؛ فأذن لنا أيها الملك العظيم لنذهب إلى ساحة الوغى كي ننجي جثمانهم.

الملك هنري: أيومنا هذا أم يومكم أيها الرسول؛ فإني لا أزال ألمح الكثير من فرسانكم يُخيلون في الميدان؟

مونتجوا: اليوم يومكم.

الملك هنري: الحمد لله لا قوة فينا. ما اسم هذا الحصن القائم بالقرب من ههنا؟

مونتجوا: أجنكورت.

الملك هنري: فلندع الوقعة يوم أجنكورت، خضناها في عيد كريسبين كريسبيانوس.

فلوالن: قرأت في الأخبار أن جدّك خالد الذكر وعمكم العظيم إدوارد الأمير الأسود حاربا حرباً موفقة في فرنسا.

الملك هنري: هذا صحيح يا فلوالن.

فلوالن: صدقت يا مولاي، وما أخالك ناسياً أن الغاليين قاتلوا قتال الأبطال في تلك الوقعة في بستان ينبت الكرّاث، فأخذوا من ورقه سمة شرف يضعونها في قبعاتهم حتى اليوم تذكاراً للمعركة. ويُخيل إليّ أن مولاي لا يأنف من وضعها في خوذته في يوم عيد القديس داود.

الملك هنري: ألبسها لذكر عهد مسؤول. فأنا غاليّ مثلك.

فلوالن: والله لا يقدر نهر الواي وإن طغى على غسل دمك الغالي منك. بارك الله لك فيه وأبقاه ماشاء وما شئت.

الملك هنري: شكراً أيها المواطن الكريم.

فلوالن: والله أنا مواطن جلالتك ولا أبالي عرف الناس الأمر أم جهلوه، فإني أنادي به في الأسواق ولا أستحي بجلالتك، فأنت رجل أمين.

الملك هنري: أبقاني الله أميناً. ليذهب رجالنا مع مونتجوا وليأتوني بعدد القتلى من الفريقين. نادوا هذا الرجل هناك (مشيراً إلى وليامس).

(يخرج رجال مع مونتجوا)

إكستر: تعال إلى الملك أيها الجندي.

الملك هنري: لماذا هذا القفاز في قبعتك يا رجل؟

وليامس: إنها إشارة بيني وبين رجل إن وجدته على قيد الحياة بارزته.

الملك هنري: إنجليزي؟

وليامس: رجل خبيث تبجح علي بالأمس، فأقسمت لأضربن ما بين أذنيه إن لقيته حياً وجسر أن ينازعني الإشارة. كذلك إن رأيت قفازي في قبعته فقد أقسم ليلبسنه إن ظل حياً. والله لأرمينه عنه بقوة.

الملك هنري: ما قولك يا فلوالن؟ أيليق بهذا الجندي أن يبر بقسمه؟

فلوالن: إن حنث بيمينه كان وغداً مغلوباً. هذا رأيي.

الملك هنري: قد يكون خصمه نبيلاً لا ينزل إلى قتاله.

فلوالن: حتمٌ على خصمه يا صاحب الجلالة أن يبر بقسمه، ولو

كان أنبل من الشيطان، بل ولو كان بعلزبوب نفسه. إن نكل حقّت عليه النذالة والجبن وصار شر من يسعى على قدم. هذا مذهبي. بذمتي.

الملك هنري: أوفِ إذن بعهدك يا هذا عندما تلقى خصمك.

ولیامس: سأفعل يا مولاي إن بقيتُ حياً.

الملك هنري: تحت أمرة من أنت؟

ولیامس: تحت أمر الكابتن جوار يا مولاي.

فلوالن: جوار جندي عظيم عالم ومضطلع بفن الحرب.

الملك هنري: آتني به أيها الجندي.

ولیامس: أمرك يا مولاي.

(يخرج)

الملك هنري: إسمع يا فلوالن. خذ هذا القفاز ضعه في قبعتك تكن لك عندي يد. فإني عندما كنت أنازل أمير الأنصون في الميدان وقعنا معاً على الأرض فنزعت هذا القفاز من خوذته. فإن نازعك رجل هذا القفاز فاعلم أنه ولي حميم للأنصون وعدو مبين لي. إذا لقيته اقبض عليه تبرهن على خالص حبك لي.

فلوالن: ما أعظمه من شرف يطمح فيه أخلص عبيدك. ليتني ألقى رجلاً ينازعني هذا القفاز. ليتني ألقاه مرة فقط.

الملك هنري: أتعرف جوار؟

فلوالن: صديقي العزيز.

الملك هنري: آتني به إلى خيمتي.

فلوالن: سآتي به يا مولاي.

(يخرج)

الملك هنري: وراءه على العقب يا أخوي جلوستر وواريك، فإني أخشى أن يكلفه هذا القفاز الذي أعطيته لطمة على أذنيه. فهو قفاز الجندي. اتبعه يا ابن العم واريك، فالجندي مصرّ على وعيده، فإن يضربه ساءت العاقبة، ففلوالن باسل، إذا استفزه الغضب اشتعل كالبارود وجازى الاساءة بمثلها؛ اذهب وانظر لا يكون شر بينهما. تعال معي أيها العم إكستر.

(يخرجون)

المنظر الثامن

أمام قباب الملك

(يدخل جوار ووليامس)

وليامس:	أرى أنه أرسل إليك ليرفع رتبتك.

(يدخل فلوالن)

فلوالن:	رحمة الله وبركاته يا مقدم. أسرع إلى الملك فإن ما هو مخبوء لك من إحسانه يفوق ما تراه في أحلامك.
وليامس:	أتعرف هذا القفاز أيها السيد؟
فلوالن:	أأعرف القفاز. إني أعرف أن القفاز قفاز.
وليامس:	أنا أعرف هذا القفاز وأنتزعه منك (يلطمه).
فلوالن:	ودم الله. هذا هو الخائن وليس لخيانته مثيل لا في فرنسا ولا في إنجلترا ولا في العالم كله.
جوار:	ماذا فعلت أيها الوغد اللئيم؟
وليامس:	أتريدني أن أحنث بيميني؟
فلوالن:	تنحَّ قليلاً يا جوار لأري هذا الخائن جزاءه ضرباً.
وليامس:	ما أنا بخائن. لست خائناً.
فلوالن:	هذه كذبة عالقة بزورك. إني أشكوك وأتهمك وأقبض عليك باسم جلالة الملك. إنك ولي لأمير الأنصون.

(يدخل واريك وجلوستر)

واريك: ما الخبر. ما الخبر؟

فلوالن: خيانة عظمى برزت في ضوء النهار يا سيدي لورد واريك. والحمد لله على ذلك. هوذا الملك.

(يدخل الملك هنري)

الملك هنري: ما الخبر. ماذا جرى؟

فلوالن: هذا هو اللئيم الخائن. دلَّ على نفسه فانتزع مني القفاز الذي أخذت من خوذة الأنصون يا مولاي واعطيتني.

وليامس: مولاي. القفاز قفازي. وهذا نظيره معي. وكان الرجل الذي أخذه مني قد آلى على نفسه ليجعلنه في قبعته متحدياً، وآليت أنا لأضربنه إن فعل. فلما وقعت عيناي عليه الآن ورأيت قفازي في رأسه بررت بوعدي.

فلوالن: أرأيت يا مولاي رعاك الله لئيماً منافقاً بائساً مثل هذا. جلالتك تشهد أن القفاز قفاز أمير الأنصون وأنك أعطيتنيه. بذمتك يا مولاي.

الملك هنري: أعطني القفاز الذي بيدك أيها الجندي. أنظر ها قرينه معي فأنا الذي أقسمت لتضربنه وقد أسمعتني كلاماً جارحاً.

فلوالن: إقطع عنقه يا مولاي جزاءً وفاقاً تنفيذاً للأحكام العسكرية.

الملك هنري: كيف تستغفر لذنبك مني يا هذا؟

وليامس: القلب مصدر الذنوب كلها يا مولاي ولم يخرج من قلبي شيء يشين جلالتك.

الملك هنري: ولكنك فتحت فاك بالكلام فينا.

وليامس: لم تكن جلالتك التي مثلت لي بل رجل من العامة متصعلك يخرج في الليل في غير حلته. فما أصاب تلك الصورة مني كان الذنب فيه ذنبك يا مولاي لا ذنبي، فلو كنت الرجل الذي تخيلت ما كان لي ذنب. عفوك عني يا مولاي.

الملك هنري: خذ هذا القفاز يا عم إكستر املأه نقوداً وأعطه لهذا الفتى. احتفظ بالقفاز يا هذا سيمة شرف في خوذتك حتى أنازعك إياه. خذ النقود. وأنت يا فلوالن تعال صافه وكونا صديقين.

فلوالن: وحق النهار وضوئه إن في الرجل معدن بأس. خذ هذا شلن مني وخذ نصيحة أيضاً. خف الله وابعد عن اللجاج والمهاترة والخناق والفتنة ذلك خير لك وأبقى.

وليامس: لا آخذ نقوداً منك.

فلوالن: والله أعطيكها من كل قلبي فقد تنفعك وترقع بها حذاءك. لا تخجل. فليس حذاؤك بالجديد والعملة جيدة. خذها. أم تريدني أن أفكه لك؟

(يدخل رسول إنجليزي)

الملك هنري: هل عرفتم عدد القتلى؟

الرسول: 	هذا بيان بقتلى الإفرنسيين (يعطى الدوق إكستر ورقة).

الملك هنري: 	من هم كرام الأسرى؟

إكستر: 	دوق أورليان ابن أخي الملك، ودوق بوربون، ودوق بوسيكال، ونحو من خمس عشرة مائة من الفرسان النبلاء؛ هذا ما عدا رجال العامة.

الملك هنري: 	في هذه الورقة بيان عن عشرة آلاف إفرنسي لاقوا حتفهم في ساحة الوغى. بينهم مائة وستة وعشرون أميراً ونبيلاً ممن تخفق عليهم الرايات، وثمانية آلاف وأربعمائة من الفرسان والأشراف، وبقية العشرة الآلاف من المرتزقة. وأرى بين الأمراء والأشراف أسماء ديلا بريث كونيتابل فرنسا، وشاتيون أمير البحر، ودوق رامبور قائد الرماة، ودولفن نقيب الأشراف، ودوق الأنصون، ودوق برابان أخا دوق برغانديا، ودوق بار، والأمراء جراندبريه، وروسي، وفوزنبرج، وجار، وفورمون، ولسترار. أسماء أموات نبلاء.

أين بيان قتلانا؟

(يعطيه الرسول ورقة أخرى)

دوق يورك، ولورد صفولك، وسير ريتشارد كتلي، وديفن جام. هذا كل من فقدنا من أمرائنا ومعهم خمسة وعشرون من السوقة.

سبحاناك ربي. إن يدك كانت فوق أيدينا، ولها علينا

الفضل العظيم فلم يكن فوزنا المبين خطة بارعة، أو حيلة
ماكرة، بل بأس فئة قليلة فازت على فئة كبيرة. ربي. إنه
انتصار عظيم لك لا لنا.

إكستر: إنه لفوز عجيب!

الملك هنري: تعالوا نمر بالقرية لنشكر الله ونفخر بنصره، ونضع
السيف في رقاب من يتبجحون بانتصارهم.

فلوالن: ألا يجدر بنا يا صاحب الجلالة أن نذكر عدد قتلى الأعداء.

الملك هنري: نعم على أن ننسب الأمر لله.

فلوالن: وذمتي إنه أحسن إلينا.

الملك هنري: فلنقم الصلاة حمداً له، ثم دعنا ندفن موتانا بالتجلة
والإكرام، وبعد ذلك إلى كاليه ومنها إلى إنجلترا، فما قدم
إليها من فرنسا رجال أكثر منا حبوراً.

(يخرجون)

الفصل الخامس

المنظر الأول

في فرنسا. مجلس من الحرس الإنجليزي

(يدخل فلوالن وجوار)

جوار: هذا صحيح. ولكني لا أدرك السبب في تزيينك بزهرة الكراث اليوم فقد مضى عيد القديس داود وانقضى.

فلوالن: إن لكل شيء سبباً ولكل مقام مقالاً. دع الأمر سرّاً بيني وبينك أيها الصديق. ألا تعرف ذلك اللئيم المقروح البائس المتبجح المدعو بستول؟ لا ريب أنك تعلم كما يعلم الناس كلهم أنه تافه لا شأن له. فهذا الرجل جاءني البارحة بخبز وملح وقال: «كل كراثك»، وضاق المكان الذي كنا فيه فلم أتمكن من معاقبته فجئت الآن أنتظره والكراث في قبعتي عساه أن يراه فيعرف عندئذ شأنه.

(يدخل بستول)

جوار: ها هو قادم ينتفخ كالديك الحبشي.

فلوالن: دع عنك انتفاخه وديوكه الحبشية. كان الله بعونك يا بستول يا حقير يا لئيم.

بستول: 	أمجنون أنت أم مشتاق أن أصرم حبل حياتك. عني! نفسي تتقزز من رائحة كراثك.

فلوالن: 	أرجو من كل جوارحي أيها اللئيم الحقير أن تتكرم علي بأكلك هذا الكراث. قد تعاف طعمه ولا يتفق أكله مع ذوقك وهضمك ولكنني مطعمك إياه.

بستول: 	لا وحقّ كادولويد[1] وما ملكت أيمانه من الماعز.

فلوالن: 	هوذا ماعز لك (يلطمه). تفضل أيها الحقير اللئيم وكل.

بستول: 	أيها التروادي الدنيء موتاً ستموت.

فلوالن: 	نطقت بالحق. سأموت عندما يدني الله أجلي أما الآن فأريدك أنا حياً وأريدك أن تأكل خضاري. تعال فإن عليها مرقاً (يلطمه). بالأمس دعوتني فارساً جبلياً فتعال الآن أجعلك فارساً وضيعاً. تعال ابدأ الأكل فمن يهزأ بالكراث يأكله.

جوار: 	كفى أيها الرئيس فقد أذبته رعباً.

فلوالن: 	لا مندوحة له عن أكل هذا الكراث أو أضرب جلد رأسه أربعة أيام. عضّ يا هذا إنه ينفع جروحك الحديثة، ويشفي طيش رأسك.

بستول: 	ألا مفر من العضّ؟

فلوالن: 	بلا ريب وبلا شك وبلا مواربة.

____

(١) آخر ملك من ملوك إنجلترا القدماء.

بستول: وهذا الكرّاث لأنتقمن وأنتقمن.

فلوالن: كُلْ (يهم به).

بستول: ها أنا آكل. أقسم...

فلوالن: كُلْ. كُلْ. أتريد مرقاً على كرّاثك؟ لم يبق منه شيء تقسم به.

بستول: حلمك. حلمك. ألا تراني آكل؟

فلوالن: حسنا تفعل أيها اللئيم الحقير. لا ترم شيئاً، فالقشرة تنفع في تطبيبك رأسك. إن رأيت بعد اليوم كرّاثاً فاهزأ به.

بستول: طيب.

فلوالن: ما أطيب الكرّاث! خذ هذا الفلس عالج به قرحة رأسك.

بستول: فلس لي!

فلوالن: نعم. تأخذه، أو أخرج لك من جيبي كرّاثاً تأكله.

بستول: آخذ فلسك عربوناً للانتقام.

فلوالن: إن كنت مديناً لك فسأفي ديني ضرباً بالعصا وإذا أسعدك الحظ واصبحتَ تاجراً تبيع الخشب فلن تشتري مني إلا عصياً. كان الله معك يحفظك ويشفي قروحك.

بستول: سأثير جهنم على فعلتك.

جوار: إذهب فما أنت إلا جبان وزور وتقليد تعبث بعادة كريمة مرعية وتهزأ برمز كرامة وشجاعة وتجبن أن يصدق فعلك قولك. رأيتك تسخر من هذا الكريم مرة ومرتين

تحسب أنه لا يحسن استعمال العصا الإنجليزية لأنه لا يحسن النطق باللهجة الإنجليزية. خاب ظنك. عسى هذا القصاص الويلسي الذي عرفته أن يعلمك أدباً إنجليزياً لم تتعلمه.

(يخرج فلوالن وجوار)

بستول: (وحده) هل بدأ الحظ يخونني؟ قضت امرأتي نحبها فانقطع حبل كنت أشدّ به وسطي بعد أن بلغتُ من الكبر عتياً، وقد أضاع هذا الضرب الذي لقيته الآن البقية الباقية من كرامتي. فلم يبق لي إلا أن أقود وأقطع الطريق. سأعود إلى إنجلترا خلسة وأحترف اختلاس ما في جيوب الناس وأضمد جروح وجهي، وأقسم أنها مما لاقيت في الحرب بفرنسا.

(يخرج)

المنظر الثاني

قصر ملكي بفرنسا

(يدخل من ناحية الملك هنري والأمراء إكستر، وبدفورد، وجلوستر، وواريك ووستمورلند، ونبلاء آخرون).

ومن ناحية أخرى ملك فرنسا والملكة إيزابيل، والأميرة كاترين، وأليس، وسيدات أخر ثم دوق برغانديا وأتباعه.

الملك هنري: على هذا الحفل سلام. سلام اجتمعنا اليوم لإقراره. لأخينا عاهل فرنسا ولأختنا صحة وحبور، ولابنة عمنا أميرة الحسن كاترين أطيب الأماني الفرحة، وعليك أشرف السلام أيها الأمير دوق برغانديا فرع هذه الأسرة الملكية أنت الذي توسطت فجمعتنا ههنا. ولكلم كلكم أيها الأمراء والنبلاء صحة وعافية.

ملك فرنسا: ما أعظم سرورنا برؤية طلعتك أيها الأخ عاهل إنجلترا. أهلا بك وبكم أيها النبلاء أبناء إنجلترا.

الملكة إيزابيل: أحسن الله ختام هذه الحفلة المباركة اليوم. كم أنا سعيدة أيها الأخ عاهل الإنجليز إذ أنظر الآن إلى عينك الرقطاء التي كانت تنفث السمّ الزعاف بالأمس على خصومها في ساحة الوغى، راجية من الله أن تكون قد تبدّلت صفتها صفة أخرى وأن يكون هذا اليوم نهاية القتال والحزن

وبدء السرور.

الملك هنري:	ما أتيت إلا لأقول آمين. آمين.

الملكة إيزابيل: أهدي إليكم سلامي أيها الأمراء الإنجليز جميعاً.

دوق برغانديا: أنا خادم كل منكما يا ملك فرنسا ويا ملك إنجلترا. فقد تعلمان ما بذلت من جهد في سبيل لقائكما ههنا، وقد نجحت وساطتي فاجتمع العاهلان وجهاً لوجه وعيناً لعين. فهل تخيبان أملي وتمنعان السلم أن يخيم على ربوع فرنسا. فليس هناك من عثرة تقف في سبيل ضمد جروح فرنسا فيشرق وجه السلام على أبهج حدائق العالم. على بلاد احتضنت الفن وأنجبت النبلاء وامتازت بالخصب. فقد طالما أشاح بوجهه عنها فأفقرها بعد غنى وأفسد خمرها فأماته بكراً بعد أن كان بهجة القلوب، وأجدب حقولها فأنبتت الشوك بدل الأثمار فأصبحت الديار قفراً والمعامل متعطلة، ودب الفساد إلى الناس دبيبه في الأرض، فجعل من الآدميين جنوداً يشتاقون الدماء ولا يعبأون إلا بامتصاصها وبتنكّب طرق الصلاح إلى سبيل الشر والتجديف وكل ما هو غريب. فها نحن قد اجتمعنا ههنا عسانا أن نجد مخرجاً من هذه الحال السيئة ونرجع أدراجنا إلى حال سلم يعيد أمورنا سيرتها الأولى.

الملك هنري:	إن رغبتَ يادوق في شراء سلام أورثكم فقده ما عددت من رزايا أن تؤدوا ثمنه مجيبين رغباتنا الحقة وقد فصلناها

في سفر بين أيديكم.

دوق برغانديا: عرف الملك شروطكم، ولكنه لم يبد رأيه فيها بعد.

الملك هنري: تجد السلم الذي تنشده في جوابه.

ملك فرنسا: لقد مررت بالشروط إلماما، فإذا حسن في عين جلالتكم أن تندبوا بعض ذوي الرأي فيكم نجتمع بهم ونبحث الأمر معهم بحثاً دقيقاً، ثمّ نجيبكم إلى ما تطلبون.

الملك هنري: نِعم الـرأي مـا تشيـر بـه. إذهب أيهـا العـم إكسـتر مع الأخ كلارنـس والأخ جلوستر وأنـت يا واريك وأنت يـا هنتجـدون. إذهبـوا جميعـاً مع الملك. فقـد أعطيتكم سـلطاناً أن تحلـوا أو تربطوا مـا تقـضي بـه حكمتكم في كل الأمـور مراعـين كرامتنا ومصلحتنا. (مخاطبـاً الملكـة) وهـل تذهبين أنت أيضـا أيتها الأخـت الكريمة مـع الأمـراء أم تمكثـين معنا؟

الملكة إيزابيل: بل أذهب معهم فقد يكون لرأي امرأة شيء من الوجاهة إذا تعقدت الأمور.

الملك هنري: وتبقـى ابنـة العـم كـاتـرين معنا فهـي رأس طلبـاتنـا وأولى شروطنـا.

الملكة إيزابيل: أسمح لها بالبقاء.

(يخرج الجميع ما عدا هنري وكاترين وأليس)

الملك هنري: هل تتكرمين أيتها الحسناء على جندي فتعلميه لغة لا وقر

فيها يُخاطب بها قلب امرأة ويبثها هيامه؟

كاترين: لا أحسن النطق بلغتكم فتهزأ بي.

الملك هنري: إنـه عـذب إلى قلبـي، إن أحبنـي قلبـك الإفرنـسي حبّاً مبينـاً، أن أسـمع ترتيلـه بلسـان غـير مبـين، هـل تقبلين رجـلاً مثلي يـا كاترين؟

كاترين: لستُ أفهم كلمة «مثلي» في لسانكم.

الملك هنري: إن الملاك مثلك وأنت مثل الملاك.

كاترين: ماذا يقول؟ أنا مثل الملاك!

أليس: حقاً. هذا ما يقول.

الملك هنري: هذا ما قلت وهذا ما أعود إلى قوله.

كاترين: يا الله ما أشد خداع ألسنة الرجال.

الملك هنري: ماذا قالت؟ إن ألسنة الرجال خداعة!

أليس: هذا ما قالت الأميرة.

الملك هنري: (لنفسه) لسان الأميرة الإنجليزي أفصح من لسان وصيفتها. (للأميرة) إنه ليسرني جهلك الإنجليزية، وإلا لكنت افتضحت وتكشفتُ عن ملك باع حقله واشترى به تاجاً، فانا لا أحسن المداهنة ولا أعرف إلا الصراحة فأقول أحبك وكفى. فإن طلبت مني المزيد في القول أعيتني اللكنة وخسرت دعواي. أجيبي وهاتي يدك ضماناً للعهد.

كاترين: فهمت جيداً.

الملك هنري: إن أردتني على أن أنظم الشعر وأتقن الرقص أضعتني.
فإني فقير في اللفظ والوزن فلا أستطيع الشعر أو الرقص
إتياناً. ولكنني لست بالضعيف فلو نيل الرضا باعتلاء
صهوة الجواد وبالقفز متدرعاً بالسلاح لضمنت للتو
زوجاً لي. أو كان في الضرب دون حبي أو في ترويض
فرسي في سبيلها فإني لا أمل الضرب وألبث دهري على
ظهر حصاني.

أما والله يا كاترين إن لساني يمتنع عن الفصاحة فلا تحل
عقدته وأأبى أنا أن أقف أمامك وقوف حبيب ماكر البيان
بل أجدف وأحلف فلا أحنث باليمين ولا أقسم على غير
جدوى. أنا امرؤ خلت من وجهه آثار الجمال فعافت
الشمس تلويحي وأنفتُ أنا أن أنظر في مرآة. فارجعي
إلى رشدك وقولي الحق إن كنت تحبين رجلاً مثلي. إن حباً
فخذيني وإن صرماً فلكل أجل كتاب، ولن يكون موتي
جزعاً لهجرك رغم حبك.

خذي مني قول جندي صادق الوعد. لا تبغي من الرجال
إلا الأمين الثابت على العهد، البعيد عن زخرف الكلام
فإنه يصفي لك الود، إن نقصته حلاوة اللسان يتخذها
ذريعة لبذل صبابته لغيرك. فذلاقة اللسان وحسن البيان
يدخلان قلب هذه المرأة الآن وقلب تلك الأخرى بعد

هنيهة من الزمان.

اللسان الذرب يكرّ ويفرّ ويغري ويعتذر، لا يترك صاحبه الساق إلا ممسكاً ساقاً، وما هو الرجل الفصيح؟ مهذار ثرثار وليس السجع بأكثر من أنشودة مختصرة؛ الظهر القوي ينحني والساق المستوية تهزل والذقن الأسود يبيّضّ والرأس ذو اللمة الجعداء يصلع، والوجه الجميل يفنى والعين ذات الحور تتجوف وتغور.

أما القلب الطاهر؛ أما النية الخالصة فكالشمس والقمر بل كالشمس دون القمر. تضيء وتشع لا تتغير ولا يعتورها وهن في سيرها.

إن رغبتِ مثل هذا خذيني، فإن تأخذيني تأخذي جندياً. وإن تأخذي الجندي تأخذي الملك.

ما قولك؟ قولي. وليكن قولك حقاً.

كاترين: هل يجدر بي أن أحب عدو فرنسا؟

الملك هنري: لا. لا يجدر أن تحبي من لا يحب فرنسا، ولكنك إن أحببتني تحبي صديقاً لفرنسا، صديقاً يحبها حباً جماً يحفزه إلى التمسك بها فلا ينزل لأحد عن قرية واحدة منها، فتكون كلها له. فإن صارت فرنسا لي وأنا لك تصير فرنسا لك وأنت لي.

كاترين: لم أفهم ما تقول.

الملك هنري: إذن أقوله بإفرنسية تلصق بلساني التصاق العروس بعنق

عريسها لا تفارقه. وليكن القديس دانيس بعوني. فليس فتح فرنسا كلها بأصعب علي من الإكثار من الكلام الإفرنسي يدعوك إلى الهزؤ بي.

كاترين: عفواً، إن إفرنسيتك خير من إنجليزيتي.

الملك هنري: لا. لا. كلانا حسن النية سيّئ اللفظ. أجيبي على قدر ما تستطيعه إنجليزيتك.

كاترين: لا أعلم.

الملك هنري: ومن يعلم؟ تعالي. نفسي تحدثني بأنك تحبينني وبأنك إذا دخلتُ مخدعك الليلة ذممتِ لوصيفتك كل ما تحمدينه بي. أرفقي بي رفق قلبي بك. حتى إذا قدر الله وصرتِ لي كان فوز الجندي الصاخب في فوزاً عظيماً، فنتعاون برعاية القديسين دانيس وجورج ونأتي بغلام نصفه إنجليزي ونصفه إفرنسي، يشتد وينمو، ويغزو القسطنطينية آخذاً بلحية التركي. ما رأيك أيتها الز نبقة الجميلة؟

كاترين: لم أفهم شيئاً مما قلت!

الملك هنري: ستفهمين عما قليل واكتفي منك الآن بالوعد. ألا تعدين يا كاترين أن تقومي بنصيّبك الإفرنسي في ذاك الغلام، كما أقوم أنا بنصيبي الإنجليزي؟ أجيبي يا أروع امرأه وأروع إلاهة.

كاترين: إن إفرنسيتك الناقصة تكفي لخداع أشد العذارى حرصاً عل عفافها.

الملك هنري: تعساً لإفرنسيتي الناقصة. بشرفي وبإنجليزية بليغة أنادي
بحبك وأنا في شك من رده إلي، وإنما أعلل النفس بميلك
إلي رغم خشونتي. فأبي هو الذي جنى علي إذ كانت رؤيا
الحروب تملأ ناظريه عندما ولدتني أمي فجئت خشن
الملمس، حديد الخلق، أنفّر العذارى إذا رحت أغازلهن.
على أنني استنجد الدهر فهو يهذبني ما كبرت وعمرت.
فالشيخوخة التي تطوي الجمال وتهدمه لن تستطيع أن
تزيد في فعلتها فيّ.

فان لبستني الآن ارتديتِ رداء يزهو على اللبس. انزعي
حمرة الخفر عن خديك وأفصحي عن ضميرك كملكة
لا كعذراء. خذي يدي وقولي قد ارتضيتك لي يا هنري
ملك إنجلترا. فسرعان ما تدخل هذه الكلمة أذني حتى
أهتف قائلا: لك إنجلترا ولك إرلندا ولك فرنسا والملك
هنري ابن بلاتنجنت، فأني إن لم أكن نداً لخير الملوك، فأنا
ولا شك خير ملك في الناس الصالحين. تعالي أجيبي
بصوتك العذب الرنان بلحن إنجليزي. أترضين بي؟

كاترين   إن رضي الملك أبي.

الملك هنري: إنه سيرضى ويقبل بي.

كاترين: إذن أنا أقبل.

الملك هنري: أقبّل يدك وأدعوكِ مليكتي.

كاترين: دع. دع يدي يا سيدي. فلا أرضى أن ينزل سيد عظيم

مثلك إلى تقبيل يدي.

الملك هنري: إذن أقبّل شفتيك.

كاترين ليست العادة في فرنسا أن تُقبّل العذارى قبل زفافهن.

الملك هنري: ماذا تقول أيتها الترجمانة؟ (مخاطبا أليس)

أليس: إنهم في فرنسا لا يقبلون العذارى قبل يوم الزفاف.

الملك هنري: العادات المرعية تخضع وتحني الرؤوس أمام الملوك. إنه لا يليق بنا أن نتقيد بقيود التقاليد البالية. فنحن إذا سرنا سار الناس خلفنا فنخلق العادات ونسن لها طرازها، فتُسكت نعمة الحرية ألسنة السوء (يقبلها). إن في شفتيك لسحراً وبياناً حلواً لا أجده في كل مجالس شورى فرنسا وبها من قوة الإقناع ما لا يحوزه ملوك الأرض. ها هو أبوك قادم.

(يدخل ملك فرنسا، والملكة، ودوق برغانديا، وآخرون)

برغانديا: ليحرس الله جلالتكم. أراكم تلقنون الأميرة درساً بالإنجليزية.

الملك هنري: ليتها تعلم مقدار حبي لها. أقولها بلسان مبين.

برغانديا: ألم تتعلم؟

الملك هنري: في لساني خشونة وليس اللين من شأني، فإذا حاولتُ الإطراء خانني لساني وأسلمني قلبي، فلا أستطيع أن أعزّم على روح الغرام أظهره فيها على حقيقته.

برغانديا: عسى مولاي أن يغفر لي جرأتي في أن أجيبه على ما يقول.

إن عزّمتَ بغية بعث إله الحب فيها، فقد يخونك التعزيم لأن كوبيد إن يظهر يبن أعمى عارياً. ولا تثريب عليه إذا تعرى لأنه لا يبصر عريه. أما الأميرة فمبصرة فلا يسعها وهى عذراء ناهد أن تضرب بخفرها عرض الحائط وتبوح بغرامها.

الملك هنري: ولكنهن يغمضن الجفن لحظة ويستسلمن في أثناء ذلك للهوى.

برغانديا: وفي هذه الحالة لا يبصرن ما يفعلن فيعذرن.

الملك هنري: إذن علم ابنة عمك القبول ما بين غمضة جفن وانتباهته.

برغانديا: أوميء إليها غمزاً بالعين لتقبل إذا علمتها معنى قولي. مَثلُ العذارى المحصنات مثل الفراش في آخر الصيف. لهن أعين ولكن لا يبصرن، ثم يطقن اللمس حيث لم يكن يطقن النظر.

الملك هنري: إذن سأصبر حتى الصيف لأقتنص الفراشة العمياء.

برغانديا: الحب أعمى حتى تظهر له حقيقة أمره.

الملك هنري: إذن ليحمد الحب بعض منكم فهو الذي وقف في سبيلي فأعاق سير فتوحاتي وأراني فتاة إفرنسية بدلاً من معاقل إفرنسية.

ملك فرنسا: إنك ترى ناحية واحدة دون الأخرى إذ تستبدل بالفتاة مدائن إفرنسية، فهذه محصنة أيضاً ومنطقة بأسوار بكر لم تنل الحرب منها.

الملك هنري: هل تصير كاترين زوجاً لي؟

ملك فرنسا: إذا شئت.

الملك هنري: بشرط أن تكون المدن التي تشير اليها في عداد مهرها فتكون الفتاة التي وقفت في سبيل أخذي ما أردت سبباً في نوالي ما هو أعزّ، فيتم فرحي.

ملك فرنسا: قبلنا الشروط التي يمليها العقل.

الملك هنري: ما قول أمراء إنجلترا؟

وستمنستر: قبل الملك كل شروطكم. ابنته وما فرضتم من أمور أخرى.

إكستر: ولكنه أبقى أمراً واحداً، ذلك أن يخاطبكم فيها بعد هكذا: ابننا العزيز هنري ملك إنجلترا ووارث عرش فرنسا.

ملك فرنسا: لا أرفض هذا أيضاً إن سألتنيه.

الملك هنري: تضيف هذا إلى ما تقدم من الطلبات وتعطيني ابنتك.

ملك فرنسا: خذها أيها الابن العزيز وأقم لي نسلاً من دمها، لعل فرنسا وإنجلترا تتحابان وتنبذان البغضاء وتحلان حسن الجوار والاتفاق في صدريهما محل حسد اصفرَّ شاطئاهما من شرّ وقعه، وعسى الحرب أن تغمد سيفها بينهما.

الجميع: آمين.

الملك هنري: أهلاً بك يا كاترين. واشهدوا الآن أني أقبلها قبلة من ملكها عليه.

الملكة إيزابيل: ليبارك الله قرانكما ويجمع بلديكما كما جمع قلبيكما في واحد فكما أن الرجل والمرأة يصبحان واحداً وهما اثنان، كذلك تتحد مملكاتكما اتحاداً ينفي الحسد والنميمة، ويصل حبل الود بينها لا انفصال بعده، فليلق الإنجليزي الإفرنسي كما يلقى الأخ أخاه.

الجميع: آمين.

الملك هنري: أعدوا عدتكم للاحتفال بقراننا، وفي ذلك اليوم تقسم لنا يا أمير برغانديا مع جميع الأمراء قسم الإخلاص كما أقسمه أنا لكاترين. قدّرنا الله جميعاً أن يفي كل أحد بأيمانه.

(يخرجون)

انتهت الرواية

المحتويات